朝日新書
Asahi Shinsho 904

牧野富太郎の植物愛

大場秀章

朝日新聞出版

まきの・とみたろう

【牧野富太郎】文久二・四・二四—昭和三二・一・一八（一八六二—一九五七）

明治—昭和期の植物分類学者。土佐生れ。明治一四年（一八八一）上京、東大植物学教室で分類学を学ぶ。二〇年有志と共に「植物学雑誌」を創刊。二六年帝大助手、四五年東京帝大講師となるが教授らとは必ずしもうまくいかなかった。昭和一四年辞任するまで各地で植物を採集、新種を多く記載。『日本植物志図篇』『大日本植物志』などにまとめる。（後略）

（『新潮日本人名辞典』新潮社）

79歳の牧野富太郎。1941年7月6日、神奈川・川崎市登戸での野外観察にて。／高知県立牧野植物園提供

牧野富太郎の植物愛　目次

第1章　牧野富太郎の誕生　15

第2章　植物学開眼　49

第3章　疾風怒濤の植物愛　79

第6章 植物と心中する博士 153

38歳頃の富太郎。東京帝国大学理科大学植物学教室にて。
／高知県立牧野植物園提供

写真　高知県立牧野植物園
朝日新聞社

第1章　牧野富太郎の誕生

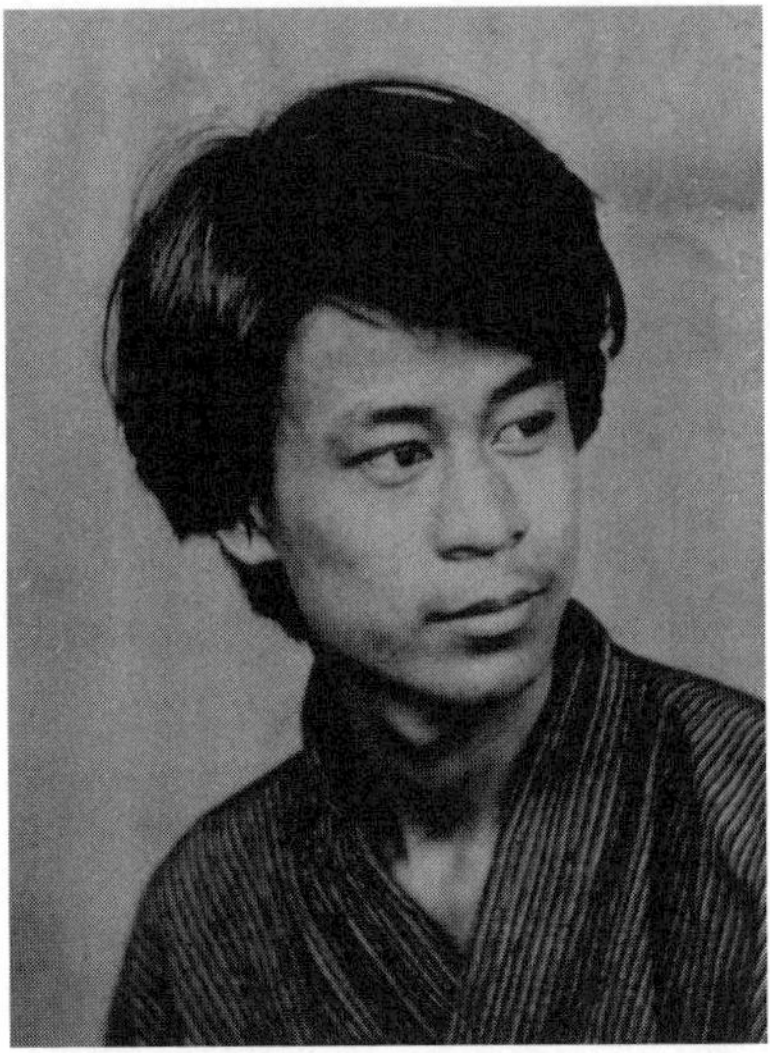

20歳頃の富太郎。地元土佐にて。生家「岸屋」は裕福な商家だった。

幕末期の土佐に生まれる

およそ160年前に生まれた人のことを書こうとしている。

その人の名は牧野富太郎。

現在の高知県である、土佐の国佐川《さかわ》に生まれた、著名な植物学者だ。

160年前といえば、日本の近代化が始まる明治時代よりも前の江戸時代である。江戸時代は、現在と異なり、武門の出である徳川家康とその後継者が、天皇に任命され日本を治めていた。明治時代になるまで260年以上も続いていた。牧野富太郎が生まれたのは、江戸時代といっても、その末期に近い文久2(1862)年、旧暦の4月(現在の暦では5月)である。

富太郎の出生地、佐川は周囲を山々に囲まれた、何の変哲もない地方の小村だが、多少の高低差があり、地形は変化に富み、上質の水にも恵まれていた。江戸時代に新しく土佐国の藩主となった、山内一豊と共に、美濃国(現在の岐阜県)から移ってきた深尾重良が築いた小さな集落だった。重良は、それまでの土佐の領主だった長宗我部《ちょうそかべ》氏が住んでいた浦戸城を接収するのに功績を立てたことで、山内一豊から1万石の領地を与えられたのだ。深尾家は代々土佐藩の筆頭家老の職にあり、将軍の徳川慶喜が慶応3（1867）年に天皇に統治権を返上することが許され、1868年に江戸幕府が終焉するまで、11代にわたって絶えることなく佐川の地を領有し続けた。

富太郎が誕生した時に作られた「由緒書き」は、牧野家の起源と経歴も記録していた。それによると、先祖は安土桃山時代から江戸時代初期の文禄・慶長の頃（1592～1614年）に、紀伊国の那賀郡貴志荘《なかごおりきしそう》（現在の和歌山県紀の川市貴志川町）から土佐に移ってきたとある。祖先は鈴木という姓を名乗っていた武士だったらしい。由緒書きの記録にはないものの、村の西町組101番にある彼の生家「岸屋」の屋号も、祖先ゆかりの地「貴志」に拠っているとしてよいだろう。

岸屋は、豊富な良質の水を活かした酒造りと雑貨（小間物）を売る商家だったが、お目見得《めみえ》町人といい、普通は武家でなければ認められなかった、苗字をもつことや刀を所持することを藩主から許されていた。商家としては、村では数少ない格式のある家で、近在にもその名が知られていたらしい。

誕生日が諸説ある身上

由緒書きによれば、旧暦の4月24日（現在の暦では5月22日）が牧野富太郎の誕生日となっているが、実のところ、4月の何日に生まれたかは定かではないようだ。母・久壽《ひさえ》の胎盤と彼をつないでいた管《くだ》の残骸である〝臍の緒〟を収納した、いわゆる「臍の緒袋」の表書きには4月26日という別の日付が書かれており、これが正しければ、富太郎が母から離れ、この世に生まれ出たのは4月26日となるはずだ。ところが、厄介なことに戸籍簿には、24日でも26日でもない日付である4月22日が富太郎の誕生日として記入してある。なぜこうも誕生日を巡っていくつもの日付が生まれたのか、その理由はわからないらしい。

誕生日を祝う風習が定着している今日では、誕生日に諸説あるのは大いに問題となるだろう。しかし、富太郎が生まれた頃は、誕生日よりも干支《えと》の何年《なにどし》に生まれたかが重要だったのだ（ちなみに牧野富太郎は戌年生まれである）。それというのも当時は皆、正月に1歳、年をとる年齢の数え方である、「数え年」が用いられていたからである。誕生日で年齢を数える「満年齢」が日本で普通になるのは、ずっと後の太平洋戦争以降ではないだろうか。

それもたしかにあっただろう。富太郎の生家でも彼の誕生日の不確かさを問題にしたことはとくにはなかったそうだ。が、筆者は生誕の日からして特定し得ない富太郎の出生こそが、後述する毀誉《きよ》褒貶《ほうへん》の入り交じる混沌とした生涯の始まりを象徴しているように思えてならない。彼の伝記ほど、真偽の分別の困難さに突き当たるものはない。そんな科学者・植物学者の存在を筆者はまったく他に見出すことはできないのだ。

天涯孤独の一人っ子

それは、富太郎の父・佐平が、慶応元（1865）年に病気のため39歳で世を去ったことに始まる。この時に富太郎はまだ3歳だった。続いて慶応3（1867）年に、母の久壽も病に罹り、夫の後を追うように35歳で亡くなったのだ。富太郎5歳の年である。共に30代の若さでの早死にである。

父・佐平は、親戚筋の岸屋牧野家の養子となり、家付きの娘である久壽と結婚したのだ。富太郎は佐平と久壽の間に生まれた唯一の子、一人っ子だった。

3歳という、未だ幼い時に亡くなった父についての記憶はまったくない、と富太郎はのちに書く。その2年後の母の突然の死については、とても悲しかったことを覚えている、と記している。しかし富太郎は、その面影は何となく浮かべることはできても、多くの人が体験している〝母親の味〟や〝温もり〟、〝慈愛〟というものを、実感することはできなかったのだ。今でもそれを思い出す毎に、寂しさで胸が苦しくなると綴っている。

しかし不幸はそれだけで終わらなかった。さらなる不幸が岸屋を襲う。祖父の小左衛門が久壽の後を追うように翌年の明治元（1868）年に亡くなった。これで残った身内の人は、祖母ひとりだけになってしまったのである。

祖母の浪子は、富太郎を大切に養育してくれた。しかし浪子は小左衛門の後添えであったため、富太郎とは血のつながりはなかったのである。祖父の死によって、兄弟もなかった富太郎は、血縁関係にある人がまったくいない、きわめて孤独な存在となってしまったのだった。6歳にしてわからぬまま連続する喪失感は計り知れない。

祖母による改名「富太郎」誕生

岸屋は代々続く旧家でもあり、家の仕来りも自然にできていたのだろう。富太郎の父母と祖父が亡くなった後も、祖母が父母に代わって采配を振るい、岸屋の面倒をみた。祖母の浪子は、佐川村に隣接する現在の土佐市に属する高岡村の川田家の出身だった。書に巧みなだけでなく、和歌をよくし、明治時代になる前は領主家にも出入りしていたといわれる人だった。岸屋に残っている浪子の筆跡を見ても、決して凡庸な婦人ではなかったことが窺われる。

富太郎が生まれた頃の佐川では、改名という風習があった。「家名」といわれる生まれた時に与えられた名前を、のちに別の名に改める習慣である。両親、祖父を相次いで喪う不幸が続いたことから、心機一転と運が開けることを願った浪子は、彼の名を家名の「誠太郎」（臍の緒袋の表書きでは「成太郎」と記されている）から「富太郎」に改名する。「牧野富太郎」の誕生である。

彼が富太郎に改名された1868年は、奇しくも265年間続いた江戸幕府が統治権を天皇に返上し、武家政治に終止符が打たれ、社会のしくみも革《あらた》まった、新しい年の始まりとなった明治元年である。偶然とはいえ、何か因縁深いものを感じるのは筆者だけではないだろう。

イモムシやカエルが頼みの綱

富太郎は生まれつき病弱だった。祖母はこの病弱な唯ひとりの孫、富太郎の養育に心を砕き、大事に育てた。それというのも彼は、代々続く「岸屋」を継ぐ大事な跡取り息子であるにもかかわらず、肋骨が浮いて見えるほど痩せて貧弱で、度々寝込むような病気も患っていたからだ。何が原因で病弱なのかはわからない。今日でさえ病院などで詳しく検査しても、必ずしもすべてが明らかになるとは限らない。そうした病院さえ佐川にはなかった時代である。祖母は古くから地元で体に良いとされたことは何でも試したのだろう。

クサギ（臭木）という樹木がある。夏の盛りに咲く花には、強い香りがある。その香りを、いい匂いと感じる人も皆無ではないが、ほとんどの人はいやな臭いだと顔をそむけたほどだ。〝クサギの虫〟と呼ばれ、クサギの幹や枝に穴をあけて育つカミキリムシや、コウモリガの幼虫を、地元では薬として病弱な人に与えていた。これらのイモムシを祖母は富太郎にも食べさせたそうだ。さらに、赤蛙《あかひき》と地元の人たちが呼んでいたアカガエルなども、肝を薬として食べさせられもしたらしい。

嫌がるお灸もすえられて

幸い、幼児期を乗り越えた富太郎だが、病弱な体質が改善することはなかったようだ。体に良いとなれば何でも試みた祖母である。当時は重要な治療法とされていた「灸《きゅう》」も当然、富太郎に施した。

彼は灸をよほど嫌がったのだろう。「酒男」と呼ばれる酒造りに従事する力持ちの使用人に押さえられ、何度も力ずくでお灸をすえられたという。このことを、富太郎はよく覚えている記憶のひとつに加えている。

今や灸を目にすることは滅多になくなったが、古来、中国で行われていた治療法のひとつであり、要は「熱治療」である。ヨモギの葉の裏面に生える毛を集めて乾燥させた〝モグサ（艾）〟を皮膚の上に直接、間接に置き、それを燃やして生じる熱の刺激で病を治すというものだ。病弱な人にはとくによく効くとされ、江戸時代には一般の家庭でも広く行われていたという。

ところで、2020年の日本人の平均寿命は、男女とも80歳を超え、女性は87・74歳、男性は81・64歳となり、いずれも過去最高だった。富太郎が生まれた江戸時代後期の平均寿命の推定値は研究者間で異なるが、立川昭二著『江戸 病草紙――近世の病気と医療』(ちくま学芸文庫/1998年)によると、享保11(1726)年から安永4(1775)年では男44・7歳、女46・0歳としている。現在に比べればきわめて短命だが、これとは別に、死亡率の高い幼児期を過ぎると、かなり長生きをしていたとする推測もある。富太郎が生まれたのは文久2(1862)年だから、正確には上記の期間の枠外だが、問題の幼児期を乗り越えた彼も、当時の平均寿命をはるかに超え、長生きしたひとりといってよいだろう。

「岸屋の跡取り息子」のお坊ちゃん

富太郎が少年だった頃は、佐川に限らず日本のどこでもまだまだ子沢山の家庭が多かった。当時の子供といえば、外が明るいうちは近所の子らと一緒になって戸外で遊び過ごすのが常だった。集まった子供が喧嘩する様相もよく目にしたし、徒党を組んで悪さをするだけでなく、冒険心を募らせ普段は行かない山奥まで分け入ったはいいが、道に迷ったりして帰宅が遅れ、大人たちが手分けして探しに出るようなこともあった。こうした迷子になった子供たちの探索は佐川でも多分にあったにちがいない。

しかし、富太郎は違った。こうした子供たちの仲間にはついぞ加われなかったようだ。一人っ子で体も弱いというだけでなく、牧野家からすれば富太郎は「岸屋の大事な跡取り息子」であり、それとなく行動も監視されていたのだろう。自然に彼は、ひとりで遊ぶことに慣れていく。

そんな富太郎の苦い思い出のひとつに時計事件がある。忘れられない幼少期の事件として、店の使用人からひどく叱られたことを記している。それは、番頭の佐枝竹蔵が、当時村ではめずらしかった時計を買ってきたことに起因する。富太郎は時計というものが不思議でたまらなかった。どうしても納得がいくまで時計を調べてみたくなり、とうとうその時計を分解してしまったのだ。しかし、分解はできたものの、元の通りにすることはできなかった。それがため、時計が時《とき》を告げるのを楽しみにしていた店の者から、「誠太郎は困る」とこっぴどく叱られてしまった、という。前述の通り「誠太郎」は、富太郎が誕生した時に与えられた家名である。

両親も兄弟もなく、その上行動までも監視されていた富太郎。そんな彼の若い頃の日々を支え、また慰めてくれたのは、祖母の浪子だったのはまちがいない。しかもこの祖母は、彼が山で遊び呆けていた幼い頃だけでなく、長じて家業を打ち捨て植物を調べることに没頭していた青年の頃の富太郎にも「決して要らざる干渉をしなかった」と後年、富太郎は記している。

乳母の生家での原体験

富太郎の幼少の頃の日本では、育児にも大きな問題があった。それというのも日本では、まだ人工乳が開発されていなかったことが大きく関係している。その時代、母親の乳の出が育児には不十分だったりした時に、母親に代わって乳を与え育てる乳母《うば》が活躍していた。乳母は授乳するだけではない。〝乳母日傘《おんばひがさ》〟という言葉にある通り、日が射せば日傘を差しかけるなど、日々付ききりで乳幼児の保育に当たるという欠かせない役割を担っていたのだ。

富太郎の家でも、彼のために乳母を雇うことになった。その乳母は、佐川村のとなりの越知村から「岸屋」に通ってきた。いつのことだかは覚えていないが、と前置きしながら富太郎は、越知村にある乳母の生家におんぶされて行ったこと、その生家の藁葺《ぶ》き屋根の姿などを今でも思い出すことができると書いている。それだけではない。富太郎はその後もずっと乳母のことを忘れていない。心を配り、やさしく彼を世話してくれた乳母について、「それは、私の一ばん古い記憶ではないかと思っています」と書いているほどだ。

富太郎が幼児期を過ごした頃の佐川村の生家の周囲は、白い漆喰《しっくい》塗りの壁の立派な商店や酒蔵が並んでいた。道に沿って続くその白壁の家々を日々目にして育った富太郎には、越知村やそこに至るまでの道すがらの景色は、どのように見えたのか。越知村の乳母の家を訪ねるまでは、自分で目にし得た風景といえば、漆喰で塗り固められた人工的な色彩の強かった佐川村のそれがすべてであった。茅や藁で葺《ふ》いた屋根を頂く農家の佇まい、さらには田や畑、それらを囲むように広がる樹林、しかもそれらが相まって広がる眼前の光景は、彼にはまるで異界のように映ったにちがいない。そして、とてつもない強烈なインパクトをもって富太郎の心に焼き付いたのだろう。自然界との原体験である。

寺子屋そして蘭林塾に入門

そんな富太郎も次第に丈夫になっていく。イモムシやアカガエル、それにお灸の効果かどうかはともかく、青年期以降は病気に悩まされることはほとんどなかったようだ。

富太郎も10を数える歳となる。現代では、満6歳になった最初の4月から子供たちを小学校に通わせることが義務づけられている。これは明治5（1872）年に政府が学制を公布したことに始まる。佐川にも小学校ができた。ただしそれは富太郎が10歳を過ぎた頃のことで、それ以前は今日のような学校は村にはまだなかった。そのため佐川の一部の子供たちは、今の学習塾にも似通う「寺子屋」に通って読み書きなどを教わった。富太郎も10歳の頃（1871年）、土居謙護《けんご》という師の寺子屋に入り、習字をイロハから習った。

寺子屋に続いて富太郎は、深尾家の家臣だった伊藤徳正の子、徳裕《のりひろ》が子供たちを指導する私塾、「蘭林塾《らんりんじゅく》」（「伊藤塾」ともいう）に入門する。蘭林とは伊藤徳裕の号で、ここで富太郎は漢籍、とくに四書五経の講義を受けた。四書五経とは、中国の古い学問である儒学（教）を学ぶ上で貴ばれてきた4つ書籍『論語』『孟子』『大学』『中庸』、それに5つの経書『易経』『詩経』『書経』『礼記《らいき》』『春秋』をいい、江戸時代から明治時代前半にかけて、日本でも教養の基本を学ぶ書として広く学習されてきた。ここで彼は、蘭林先生が講じた漢書の一節である「淵に臨んで魚を羨むは、退いて網を結ぶに如かず」の言に打たれ、「結網」という号を後日好んで用いるようになったといわれている。

ところで、富太郎が蘭林塾に通っていた時代の生徒のほとんどは、士族（武士）の子弟であり、町人の子は富太郎と同名の山本富太郎の二人だけだった。江戸時代の身分制度は明治時代に廃止されたが、佐川ではまだ士族と町人との区別は一部残っていた。塾でも士族は町人より上座に座り、食事の時も士族は士族流、町人は町人流に挨拶した。

しかし富太郎は、自分も士族も同じ人間なのに「なぜ、下座に座らされたりするのか」などと劣等感を抱くことはなかったようだ。というのも牧野家は商家とはいえ、武士同様に苗字・帯刀を許されていた身分であったのも一因だったのだろう。加えて富太郎はそうした社会制度よりも、自然界の事物や現象に一層の興味を募らせていたことが大きい。

「義校」名教館で深めた学び

富太郎の勉学はさらに続いた。佐川の第6代領主、深尾茂澄《しげずみ》が儒学の勉学のために安永元（1772）年に建てた学舎「名教館《めいこうかん》」への通学である。

名教館はのちの享和2（1802）年に、次代領主繁寛《しげひろ》が儒学の先生を招くだけでなく、家臣の子弟も学べる郷校に改変させた。佐川は高知に次いで学問が盛んな土地だ、という伝聞が生まれた背景には「名教館の存在と影響があった」と土佐ではいわれている。

明治4（1871）年の「廃藩置県」によって、名教館は廃校を余儀なくされる。しかし、名教館の果たした役割や伝統を惜しむ佐川村の有志の人たちの協力によって、〝住民らの寄付などによって設立できる初等教育の学校〟である「義校」として、富太郎が学んだ明治6（1873）年頃に尚も存続していたのだった。

蘭林先生だけでなく、土居先生にも漢文の読解を習ったおかげで、富太郎は中国や日本の植物について、漢文で書かれた古い時代の書物を読むことができた。こうした読解力や漢文についての知識は、彼が漢文で書かれた植物についての知識を蓄積する上で、大きな力となったのはいうまでもない。その意味で、彼が佐川に生まれ育ったことは、とてつもなく幸運なことだったといってよいだろう。

富太郎が通っていた頃の名教館では、福沢諭吉の『世界国尽《づくし》』、川本幸民《こうみん》の『気《き》海観《かいかん》瀾広義《らんこうぎ》』、さらに『万人の知識』または『国民知識事典』とも呼ばれていた英文の『チエンバース百科全書』から翻訳された教科書で、物理、地理、天文なども教えていて、彼は「興味をもってそれらを学んだ」と回顧している。

富太郎は後日、「漢字をきちんと書くだけでなく、日常の生活では使わない、むずかしい漢字をあまり苦も無く書けるのは、蘭林先生の塾や名教館で漢字や四書五経を教わったことが大きい」と振り返っている。頼まれて筆で文字や絵をかく、揮毫《きごう》の機会が年齢を重ねると共に増えてくる。そうした折、ミミズが這った跡のような文字を書かずに済んでいるのは、名教館などで文章の読解や習字をきびしく習ったことが大きかった、とも彼は述懐している。

木々や草花に身を重ねる

いつとはなしに富太郎は、村を囲む森の木々や路傍に生える野の草に目を向ける時間が増え、植物に心を奪われることが多くなった。遠くからは緑一色に見える山肌に茂る森の木々の葉も、山に登って手にも届く近場で目にすれば、かたちも大きさもおもしろいほど様々あり、変化に富んでいることがわかる。また、路傍に生える草も、庭に育つ大きく、色も鮮やかな花とは違い、目立つこともなく、気がつかなければ知らぬ間に花を開き、やがて萎《しお》れ、枯れてしまうことも少なくない。だが春には再び、新しい葉が伸び、前年もそうであったように、開花し、また枯れることを繰り返したりする。富太郎は後年になっても、こうした路傍の草花を飽かずに見ていたのを思い出すことがあった。茎が伸び、葉がたくさん茂って花を咲かせても誰にも見向きもされず、やがては枯れていく路傍の草花。森にうっそうと生い茂る名もない無言の木々たち。それらの存在に富太郎は、兄弟もなく、ガキ大将にもなれず、また遊び仲間にも入れてもらえず、祖母以外には理解者もなく、いつも一人ぼっちの自分の境遇を重ねていたのかもしれない。ずっと後年になって、富太郎は「帝国大学新聞」にこんなことを書いたと記している。

私は植物の愛人としてこの世に生まれ来たように感じます。（中略）しかしその好きになった動機というものは実のところそこに何にもありません。つまり生まれながらに好きであったのです。どうも不思議な事には、酒屋であった私の父も母も祖父も祖母もまた私の親族のうちにも誰一人特に草木の嗜好者はありませんでした。私は幼い時からただ何んとなしに草木が好きであったのです。（中略）すなわち植物に対してただ他愛もなく、趣味がありました。（「わが生い立ち」／『牧野富太郎自叙伝』講談社学術文庫／２００４年）

そして植物を愛する自らの気持ちを「草木は私の命でありました」と綴っている。植物を愛すること、それはいつ頃に芽生えたのかは不明としつつも、富太郎の終生変わることのない信条だったといってよい。

西洋の植物への目覚め

富太郎は、英語学校にも通った。名教館の一部を教場にした学び舎だった。この英語学校は、真邊《まなべ》懿親《よしちか》らが中心となって、高知から英学（英語）に堪能な人物を招いて始まった。高知県庁から長持《ながもち》（主に衣服や調度を入れておく、直方体の蓋のある箱）3つ分の洋書を借りてきて、それらをテキストに利用していた。そのなかに、世界中で使用されている有名な辞書である『ウェブスター英英辞書』があり、富太郎は同書の巻末に載る動植物を描いた緻密な図解にたいへん興味をそそられた。小さいながらも、実に様々な姿かたちをした世界の植物や動物が写実的に描かれており、富太郎は後年、「そうした図解を飽かずに眺めていた」と書いている。

このような書物を通じて富太郎は、日本人だけでなく、イギリスなど広く世界の人々と植物についての知識を共有できることに気付き、とっさに感動さえを覚えた。さらに、植物についてだけでも世界の人々と共通の知識をもつことは、やりがいのある大きな仕事ではないか、と考えを膨らませた。そしてまずは、佐川の植物を世界の人たちに知ってもらおうと決意を固める。

どうしたらそれができるのか？　富太郎は自問した。自分がウェブスターの辞書やチェンバースの百科全書で世界の植物を知ったように、「私が佐川で目にする植物を図解し、世界に通じる言葉で記述すれば、それはできる！」と気付いたのだ。それが富太郎の得た確信だった。確信は、やがて彼の一生を貫くものとなった。その実現を目指して、富太郎は必要な勉学をしようと決心したのだった。

博物図との幸福な出会い

運命の出会いもその頃に訪れる。義校ではなく正式の小学校が佐川にできたのは、廃藩置県から3年過ぎた明治7（1874）年だった。富太郎はすでに12歳になっていたが、すぐに入学した。それというのも『チェンバース百科全書』などを通して名教館で学んだ西洋の新知識、動植物の図解に類する未知の写生画に、実際に接することができると期待したからだ。小学校は廃校となった名教館の学舎を利用していたので、「名教学舎」と呼ばれていた。生徒は上級と下級に分けられ、双方ともそれぞれ8級まであった。富太郎は進級試験を受け、下級の最上級である8級に入る。

それは実に幸いなことだった。学校「名教学舎」には様々な動物や植物を描いた博物図があったからだ。それらのうち、植物を描いた4張の掛け図を富太郎はのちのちまでよく覚えていた。「小学校の生活では、博物図を見ることだけが楽しかった」と述べているほどである。

その掛け図は本格的なものだった。当時の文部省博物局天産課にいた小野職愨《もとよし》が植物学者の田中芳男《よしお》と共に編集し、日本画家の加藤竹斎と浮世絵師である長谷川竹葉によって描かれていた。それは富太郎が初めて目にした日本人が描いた西洋式の植物図解であり、その図の印象こそが、終生富太郎の脳中に強く残り続けるものになる。

しかし、思春期の日々はめまぐるしい。富太郎が学校に通うことは次第に少なくなり、明治9(1876)年頃にはいつとはなしに退学してしまった。理由は察するに、佐川の植物を世界に発信するための勉学としては物足りなかったのだろう。彼が期待するような図解を伴う書物も博物図も上記したもの以外にはなく、また、学習科目も蘭林塾や名教館ですでに修学済みであり、そんな小学校での勉学の日々にはさほど魅力を覚えられなかったのだろう。

現在とは異なり、その頃はそもそも学校に行かない子供の方が多く、入学しても途中で学校に行かなくなる児童も少なくなかった。それゆえ「小学校中退」という経歴も、当時の富太郎にはさして大きな問題として意識されなかったようだ。こうして彼の経歴には「小学校中退」の文字が刻まれ、一生それがついて回ることになった。しかし、後悔することはなかったようだ。のちに富太郎は次のように書いている。「私は下級一級を卒《おわ》った時小学校が嫌になって自分で退校してしまった」

『本草綱目啓蒙』との邂逅

それでも小学校の日々は、富太郎に新しい経験を与えた。以前の病弱な時分と変わり、小学校に入学した12、13歳頃には富太郎の体もだいぶ丈夫になってきた。それから15、16歳頃には村の子供たちのガキ大将にもなり、数人の子分を引き連れ、村の周囲を暴れ回ったこともあったらしい。明治維新前後の殺伐とした気風がまだ残っていた時代である。遊びといってもたいていは合戦の真似事だったようだ。タンポ槍で隣村の軍勢と突き合ったり、取り押さえてこらしめたりする戦《いくさ》ごっこなどをよくやったらしい。

もちろん毎日戦ごっこばかりしていたわけではない。退学した富太郎には、いつでも自由に、好きに過ごせる時間が生まれた。そこで村のお医者さんの家などを訪ねて、多少でも植物に関係する本を見つけて借り、それを写して独学しようと思い立った。

佐川村の西谷に西村尚貞という医者が住んでいた。60歳くらいの白いあごひげを蓄えたやさしい老人で、病弱の富太郎のことを「うまく育てばよいが」といつも案じてくれていたそうだ。その西村先生は、江戸時代に小野蘭山《らんざん》という学者が著した『本草綱目啓蒙《ほんぞうこうもくけいもう》』という貴重な本を所持していた。

18歳の頃、この本にすっかり魅了された富太郎は、懇願してその書を西村先生から借り、書き写すことを始めた。しかしこの本は全20巻もあり、筆写するだけでとても長い時間がかかることに加え、先生が所持していた本には一部欠けている部分があることも知り、富太郎は祖母に頼んで大阪の書店から全巻取り寄せてもらったという。届いた同書は西村先生所持の初版本ではなく、その最終版である『重訂本草綱目啓蒙』であった。

植物名から本草学へ

さて、ここで本草学《ほんぞう》について少々解説したい。

富太郎が少年の頃は、薬としての効果がある植物を自然界から探し出し、類似の植物から区別する特徴を明らかにし、さらに効用などを調べる本草家と呼ばれる人たちがいた。富太郎の座右の書となった『重訂本草綱目啓蒙』の著者である小野蘭山は、本草という学問の偉大な学者のひとりだった。

蘭山は、自然界にある多様な植物や動物、鉱物などを探り、薬としての効果を明らかにするために行われてきた研究をまとめ、それを『本草綱目啓蒙』として刊行した。これは、日本の植物研究史上においても重要な書物であり、しかも享和3（1803）年から3年という月日をかけて出版された大部の本だった。その後、高い評価を得た同書は何度か補足された新版が刊行され、内容も一層充実したものとなった。富太郎が入手した重訂版は、弘化4（1847）年に刊行された最終の版だった。

植物には効能がある。何らかの効果が見出された植物は、薬草として病気に悩む人たちに薬として処方される。それらを明記する本草書とは、本草家にとって「聖典」であり、この『本草綱目啓蒙』は日本を代表する本草書のひとつだった。本草の研究は「本草学」と呼ばれ、薬学のひとつの分野として今日にも引き継がれている。富太郎が終生失うことのない関心を寄せ続けたのも、その本草学だといえる。

『重訂本草綱目啓蒙』には、数え切れないほどの植物が記されていた。富太郎が耳にしたこともない多数の名前が、漢名や方言と共に載っていた。また、薬やその他の商品原料といった、資源としての用途なども記載されていた。

入手した同書を繰り返し読み、富太郎はぼう大な植物名を覚えていった。「それまで私自身、村のあちこちに生えていて見慣れた植物の一部は、地元の名称（方言名）では知っていても、正しくは何と呼ばれている植物なのかはほとんど知らなかった」と、この本との出会いで振り返っている。とてつもなく幸運な出会いだったといっても過言ではないだろう。

実物でなくとも図解が欲しい

『重訂本草綱目啓蒙』について、富太郎は『牧野富太郎自叙伝』（長嶋書房／1956年）で次のように記している。

産土神社の山は頂上を長宗寺越えというが、その山を越えて下る坂道で、ちょうど秋の頃だったが、「もみじばからすうり」を採りたくて行った時、丈の高い菊科のもので白い花を付けている植物があった。名は無論知らなかった。その後『本草綱目啓蒙』を見ていたら、東風菜という個所に「しらやまぎく」というのが載っており、山で見たものと酷似しているので、翌日再び山に登り、本と実物とを引合せたところ、やはり「しらやまぎく」であった。私はその時はじめてこの草の名を憶えた。（「幼年期」／同前）

名前を知ること。富太郎にとってそれは、未知のものと真に出会う儀式のようなものではなかったか。シラヤマギクの場合だけではない。『本草綱目啓蒙』は、植物名を知るための手引書であると同時に未知のものを富太郎に知らしめる偉大な先生となったのだ。

後年になり昭和12(1937)年、東京の石神井で行った「武蔵野の植物について述べる」という講演で富太郎は、次のように語っている。一部を引用する。

私どもは他の人がするように芝居を見て楽しんだり、お酒を飲んで楽しむというようなことをしないでも、ただ植物だけを見ておって、その人たちと同じような楽しみをしている。このように植物を見てやはりそれが面白い楽しいというように感ずれば、まことに結構な話である。そこらへんにある草や木を見てそれがまことに楽しいと感ずるなれば、金は少しも要らないでしょう。こんな結構なことはない。さてその植物が一番楽しくなるようにするには、どんなにしたらよろしかろうかということを考えなければならん。それはすなわち草木のいろいろの事柄を多少でも覚えることです。

それからまず第一番にはその草木の名前を覚えないと興味が出ない。綺麗な花が咲いておってもその名前が分からんでは一向興味が湧かない。今頃花が咲いているのはゲンゲバナであるとか、あるいはジンチョウゲであるとかいうように、まずその名前を覚える。それからいろいろの事柄を順々に覚えると、大変面白くなる。今のジンチョウゲだって、どんな字を書いてあるかというと「沈」という字に、それから甲、乙、丙、丁の「丁」の字に、「花」という字が書いてある。その花の香が佳《よ》いので、それが沈香、丁子に似ているというところから、「沈丁花」というのであると、それだけを知っても大変面白い名前であるということで興味が出てきましょう。（昭和十二年三月二十七日於石神井風致地区風致地区思想普及講演会講演速記／『花物語——［続］植物記』ちくま学芸文庫／2010年）

ただ、『本草綱目啓蒙』には図解がなかった。植物を描いた図がひとつも載っていなかったのだ。「百聞は一見に如かず」という言葉がある。たとえ実物でなくとも図があれば、記述された植物がどんなものか、一目でわかることも多いにちがいない。外国の人たちに向けてだけでなく、国内の人たちに向けてさえ日本の植物の図解の必要性が高いことを富太郎は痛感するのだった。

自前の『植学啓原訳文』を編む

書物は独修の師匠である。そして師を求めている人には師匠の方から現れるともいう。親友だった堀見克礼《かつひろ》の父は、久庵といい医者だった。久庵は、『本草綱目啓蒙』と並ぶ江戸時代の重要な本である、宇田川榕菴《ようあん》が天保5（1834）年頃に著した『植学啓原』を所蔵していた。これは、『本草綱目啓蒙』のように中国由来の書物ではなく、西洋の植物学を日本に紹介した最初の書物のひとつである。しかし、それは漢文で書かれており、富太郎はそれを自ら和訳した。さらに巻末にあった彩色の図も忠実に模写を試みた。こうして完成したのが自前の『植学啓原訳文』である。明治11（1878）年、16歳の時だった。

それだけではない。富太郎は、『植学啓原』を暗唱しようと繰り返し熟読し、内容の習熟に努めた。佐川の植物を世界に紹介したいと熱望していた富太郎にとって、『植学啓原』は植物の学術的な図解と専門用語を学ぶ上でかけがえのない参考書となった。植物学の専門用語の知識を得ただけでなく、観察した植物のかたちを図として描く方法も習得できたのだ。同時期に富太郎は、図解の技術を深める目的として、図学博士のウィリアム・グレニーらによる『小学罫画法』（内藤類次郎訳述）を要約した『罫画撮要』なる本を作ったりもした。

初の仕事は臨時教員

運命とはおもしろい。小学校を中退した富太郎であるが、数年もしない明治10（1877）年に、請われて自らが退学した佐川小学校の授業生（代用教員）に採用されることになる。当時の村には、曲がりなりにも学校で学んだ経験があり、時間にゆとりのある若者が他には誰もいなかったのだろう。

この時、月3円の給与をもらっている。それは、富太郎が自分で働いて得た最初のお金だった。当時の3円はかなりの高額であり、普通の暮らしを営む人々にとってはこれで1か月の生活は賄えた。しかし富太郎は、そうした大金を一体何に使ったのか覚えていない、という。金銭においてもやはり、世間一般の常識と富太郎の感覚とでは、かなり隔たりがあったように見える。

授業生になった年に、富太郎は15歳になった。周囲の子供たちも、すでに多くは家業などに就いて働き、大人の仲間入りを果たしている。しかし、富太郎には「岸屋の跡取り息子」という自覚は相変わらず欠けていた。それを彼に諭すはずの両親はとうの昔に亡くなっており、祖母の浪子も自由にさせてくれていた。

それだけではない。彼が何かしら必要なものを望めば、祖母がそれを買ってくれていた。手元に置いた『重訂本草綱目啓蒙』もそのひとつだろう。富太郎にしてみれば、何らかの仕事に従事し得た金で日常生活を切り盛りしていくことは、言葉では知っていてもはるかに遠い現実だったと思われる。

第2章　植物学開眼

42歳の富太郎。採集した植物を上着に包んで持つ。／高知県立牧野植物園提供

「植物の師」永沼先生との出会い

小学校を中途退学した後、とくにやることもなかった富太郎は、どちらかといえば心が晴れない日々を佐川で送っていた。そんなある日、人生の大きな飛躍へのきっかけが訪れる。

それは高知においてであった。高知（市）にある弘田正郎《まさお》が創った「五松学舎」への入塾を決めたことに端を発した。実際に塾に通うことはほとんどなかったものの、その時高知に行ったことが、彼の転機への大きな一歩となったのである。

富太郎はそこで初めて永沼小一郎《こいちろう》に出会った。京都府の日本海側の町、舞鶴で生まれた永沼は、それまで勤務していた神戸の兵庫県立病院付属医学校から、高知の師範学校に教諭として赴任してきていた。もしも富太郎が高知に行かなかったら、永沼との出会いもなかっただろう。それればかりでなく、のちに富太郎が植物学者になることもなかったかもしれない。というのも彼は、高知に出るまで永沼小一郎のことは何ひとつ知らなかったからである。偶然の為せるわざとはかくも大きい。

永沼は英語に堪能であり、尚且つ西洋の植物学についてよく知っていた。イギリスでベントレーが著した『植物便覧』、バルフォアの書いた『植物学教科書』を教えてくれて、それらの一部を自力で訳してもいた。これらの本には、多数の植物を描いた全形図が載るだけでなく、精密な部分図や解剖図も添えられていたのだ。永沼の導きで写本しながら、富太郎は『植学啓原訳文』で学んだ図解の有意義さについて改めて強く確信した。感動のあまり、「これまで永沼先生ほどの博識な人に出会ったことはなく、これからも再びこのような博識の人に出会うことはおそらくあるまい」と記してもいる。

恩師永沼と知り合った直後、富太郎は『植学備攷《びこう》』と題した図解中心のノートを作り、観察結果などを記録し始める。植物の写生図が年々増えていくと同時に、富太郎の描写力は一段の高まりを見せていくことになる。

永沼と富太郎の交流は、お互いに高知を離れて以降も続いていく。のちに植物学者となった富太郎の大きな喜びのひとつに、永沼が採集した標本を富太郎が発表する論文中に数多く引用できたことがある。また、富太郎が創刊した植物学の学術雑誌『植物研究雑誌』（後項で詳述）に師である永沼が数篇の論説を寄せてくれたことも、彼を大いに発奮させた。

生物の「多様性」を発見

高知に来てからの永沼小一郎は、植物を採集するために県内をよく歩きもした。富太郎もしばしば永沼に随行した。そうした折々に、初めて接する多様な植物が高知にはたくさん生えていることに富太郎は目を開かされる。これはまぎれもなく恩師の影響であり、師にめぐりあい、師に導かれて植物を丹念に観察するという姿勢の賜物だった。それればかりでなく、学識や洞察力の深め方を、富太郎は永沼から感得した。のちに富太郎は書く。

「私はしばしば先生のところで談笑して、一夜を過ごすこともありました。一方の永沼先生も、私の植物についての関心が並々ならぬものであることを理解してくれたのでしょう。お互いに心から尊敬の気持ちを抱いて接したのでした」

永沼と山野を歩くなかで、富太郎は〝似て非なる〟かたちをした植物が多々あることに段々と気付くようになった。その後、富太郎は佐川村や近在の山野を歩いて、そうした〝似て非なる〟植物を見つけては、それらを分別することに熱中した。今まで同種としていた植物が、実は似てはいるものの異なる特徴をもつ別の植物であることが、多くの個体を採取し比べるなかで判明した。知れば知るほど未知が生まれることは、富太郎の好奇心をさらに刺激し草木への愛を知ることに他ならなかった。

彼は後年、高知で屋根瓦のすき間や樹幹などに付着して生えるシダ植物のノキシノブに類似する別種が複数あることに気付き、それらの特徴を区別し明らかにする論文を書いた。ヒメノキシノブ、コウラボシ、ツクシノキシノブなど、ノキシノブに似通うものの異なる種であることの発見だった。

ノキシノブの仲間だけではない。他のグループの植物にも、深く観察することで、それまで誰にも気付かれずにいた〝未知の植物〟が多数存在することが明らかになっていく。〝似て非なるもの〟を識別する彼の鑑識眼は、こうしてますます精度が高められていった。それは、富太郎の植物への関心と理解を一層深め、さらには植物学への本格的な誘いになったのはいうまでもない。そこには恩師の存在が常にあった。

似てはいても異なる植物がたくさんあることを生物学では「多様性」という。富太郎がのちに目指した研究は、植物の多様性を科学的に究める「植物分類学」だった。植物分類学を通して、佐川の、四国の、さらには日本全国の植物の多様性を図解と共に明らかにする。そしてそれらを世界に発信することが念願だった富太郎は、ようやくその術を掌につかんだ。永沼先生を得てからの富太郎は、植物観察からさらに飛躍を遂げ、それらを正確に描写し、標本にし、人々に広く伝える領域へと踏み出すことができたのである。

頼もしきは友なり

富太郎は天然の教場を得た。高知には、山野で植物を探ることを生業《なりわい》とする人たちがいることも知った。「採薬師」と呼ばれ、薬草などを求めて野山を探索する人たち、園芸家の垂涎《すいぜん》の的となるような変わった植物を見つけて彼らに提供する人たちなどである。変わった植物やめずらしい植物を探して山野を歩き回るのであれば、彼らも富太郎と同類である。が、根本的な差異は、金儲けにつながらない植物は採薬師らの関心の埒外だったということだ。

しかし、プロがいる地は裾野が広い。富太郎はほどなくして同好の士との出会いも得る。当初、お金にもならない植物を血眼《ちまなこ》になって探す若者は自分くらいだと思っていたが、ほぼ同時代の若者の間にも、金銭に関係なく野生の植物に強い求知心を抱く人々が高知には複数いることを富太郎は知ったのだ。吉永虎馬《とらま》、黒岩恒《ひさし》、矢野勢吉郎《せいきちろう》らで、やがて富太郎は彼らと一緒に採集に行くようにもなった。時にはめずらしい植物の採集や発見を競ったりもした。そもそも一人っ子で、幼少期は遊び仲間にも加われなかった富太郎は、郷里土佐でこうした盟友を得られ、しかも終生交流できたことを、大いに喜んだ。ひとりずつ見てみよう。

［吉永兄弟・悦郷&虎馬］

吉永虎馬は、明治4（1871）年に生まれ、昭和21（1946）年に亡くなった。富太郎と同様に、出身地は佐川である。高知県師範学校卒業後、佐川小学校などの県内小、中、高女の教師を歴任した後、高知大学の教授となり、富太郎とも終生親しく交流した。富太郎とは異なり、キノコやカビの仲間である菌類やコケ植物などについても虎馬は詳しく研究した。とくにコケ植物では、当時の世界的な権威であったドイツのステファニ博士の指導を受け、日本でのコケ研究の先導者として活躍する。兄の吉永悦郷《よしさと》も精力的に植物の採集をしていた。のちに富太郎は、オトコシダやトキワシダ、クロガネシダの学名を、それぞれ、「Aspidium yoshinagae」「Asplenium yoshinagae」「Asplenium toramanum」と名付け、吉永虎馬や兄の悦郷に捧げている。

［黒岩恒］

黒岩恒も佐川の出身で、安政5（1858）年に生まれている。富太郎は、明治13（1880）年に黒岩と共に石鎚《いしづち》山に登ったことをよく覚えていた。その時見つけたオオナンバンギセル、ショウキラン、ムカゴニンジンなどの写生や観察記録はのちのちまで残るものとなった。しかも、一部は標本としても残る。のちに『植物学雑誌』に発表された富太郎の論文中の引用に、「土佐吾川郡黒森山（牧野富太郎1880年7月22日）」と記された標本である。まさしく黒岩恒と石鎚山に登った際に、黒森と椿山の間で出会い採集した寄生植物、ナンバンギセルの仲間である。富太郎、18歳の時である。

ナンバンギセルの名は植物の外形が西洋のキセル、つまりパイプに似ていることに因んでいる。方々でよく目にする植物でもあり、ススキなどのイネ科やカヤツリグサ科の根に寄生する。しかし、富太郎たちが黒森と椿山の間で見つけたそのナンバンギセルは、普通に目にするナンバンギセルに比べて全体が大きいだけでなく、萼《がく》の先が尖らないいなどの特徴もあり、ナンバンギセルとは別の種であるオオナンバンギセルだった。この種の日本初の発見でもあった。しかもこのオオナンバンギセルの標本は、現存する富太郎作の標本中、最も古いものでもあるらしい。その後、黒岩は沖縄に渡って動植物の研究に邁進し、昭和5（1930）年に71歳の生涯を終えている。

【矢野勢吉郎】

高知県の西畑《さいばた》（現在の高知市春野町西畑）で生まれた矢野勢吉郎も、富太郎と一緒によく採集に出かけた博物の愛好家である。一時期、高知の海南学校に勤めていた。残された記録では明治18（1885）年8月、矢野、吉永虎馬の兄の吉永悦郷、そして永沼先生と共に石鎚山に採集に出かけている。のちに富太郎が新種であることを明らかにしたナデシコ科の植物テバコマンテマに、矢野の名を採り入れた「Silene yanoei（シレネ・ヤノエイ）」の学名を与えて発表している。矢野と富太郎の交流はこれまであまり知られていないようだが、富太郎が発見した横倉山のコオロギランや石鎚山でのキレンゲショウマ採集時にも、二人は行動を共にしている。矢野はその後台湾に渡り、そこで商業を営むかたわら熱心に植物採集をしたが、惜しくもかの地で他界した。

図解を重んじる植物学へ

師との山野巡検、そして仲間との研鑽が富太郎の生涯の道を決めるのに時間はかからなかった。彼にとって勉学とは、系統立った受動的な学びよりも、偶然に出会った書物やめぐりあった人々から得た知見によって主体的に深めていくものであったようだ。限りなく独学に近い修学法であり、彼の性にもピタリと合っていたのだろう。このようなところにも、彼の強い自我意識が働いている。

だからこそ富太郎は、書物を重んじ、後世への記録にその身を投じた。

永沼小一郎が勤務する高知中学校にあった、ラウドンによる百科事典『エンサイクロペディア・オブ・プランツ：英国篇』（初版1822年）も、富太郎を大いに魅了した書物のひとつである。小さいながらも多くのページに載る精密な植物図は、言語の壁を軽々と越えて読み手の心に飛び込んでくる。これは彼が生涯を懸けることになる〝図解を重んじる植物学〟の先達として、大いに影響を与えたといってよい。

小野蘭山の『重訂本草綱目啓蒙』、宇田川榕菴の『植学啓原』という佐川時代の読書体験と共に、富太郎がこうした書物にめぐりあえたのは単なる偶然ではなかったと筆者は考えている。

それは、東洋と西洋の交差する視点を富太郎が持ち得ていたからではないだろうか。西洋で発達した植物学の道を富太郎は進んだが、本草学として蓄積された東洋の植物研究の領域にも慣れ親しんでいたことは先述の通りだ。小野蘭山の『本草綱目啓蒙』は日本の植物についての百科事典の役割、宇田川榕菴の『植学啓原』は植物を愛することが学問になること、つまり「植物学」という世界の人々との結節点を富太郎に直伝したのだと筆者は見ている。富太郎が『植学啓原』に出会わなければ、永沼先生の真の偉大さにも気付かずに終わったかもしれない。それどころか、富太郎の植物への関心は、ただ「植物が好き」というだけで学問の水準に達することはなかったであろう。

そうして得た知見を、植物を愛好するすべての人に提供したい。そんな願いが、創刊されたばかりの『植物学雑誌』への協力とつながっていくのは自然な流れだった。決して専門家だけでなく、市井の人々の植物愛にも応えたい。好きという気持ちがひとつの使命に変わる時、そこには信念が生まれる。明治20（1887）年の「植物学雑誌」創刊の際、次のような興味深い記述を富太郎は残している。

当時この種の学術雑誌としては既に「東洋学芸雑誌」があったが、「植物学雑誌」が発刊されると、間もなく「動物学雑誌」「人類学雑誌」が相継いで刊行されるようになった。

私は思うに、「植物学雑誌」は武士《さむらい》であり、「動物学雑誌」の方は町人であったと思う。というわけは「植物学雑誌」の方は文章も雅文体で、精錬されていたが、「動物学雑誌」の方は文章も幼稚ではるかに下手であった。（「『植物学雑誌』の創刊」／『牧野富太郎自叙伝』講談社学術文庫／2004年）

愛という名の矜持である。

若旦那初の上京

明治14（1881）年、富太郎は19の年をむかえた。彼は郷里高知を離れ、初めて上京する。主な目的は、第二回内国勧業博覧会を見物して、顕微鏡や植物に関係する図書を購入することだった。

佐川を4月に出発し東京に向かった富太郎。その姿は、初めて海外に出かけるどこぞの御曹司のような道行きだった。以前「岸屋」の番頭をしていた佐枝竹蔵の息子の熊吉、それにまじめで実直な岸屋の雇人が旅の会計係として同行し、さながら家来を引き連れた大名旅行に喩えられよう。祖母の浪子にとって、佐川でも屈指の由緒ある岸屋の一人息子を、お供も付けずに上京させるのは論外中の論外であったのだろう。坊ちゃん、いや生まれながらにして富太郎は若旦那だった。

旅の行程も今では考えられないものだった。まず、佐川から歩いて高知に出た。そこから蒸気船で神戸に向かい、神戸からは汽車で京都まで行き、京都からは琵琶湖畔の大津（滋賀県）へ再び徒歩で進んだ。さらに四日市（三重県）に向かい、そこからは船である。舷側《げんそく》にある水車のような輪を回転させて進む外輪船「和歌浦丸」に乗船し、遠州灘を通り、横浜に出た。横浜からは再び汽車に乗り、東京に到着した。富太郎にとって、外輪船や汽車に乗るのはこれが初めてであった。のちに『自叙伝』でその道中を記している。そこにも彼らしさが見て取れる。

神戸の山々が禿山《はげやま》なのを見て最初雪が積っているのかと思った。土佐の山には禿山はないからである。

神戸から京都迄は汽車があったので京都へ出、京都から歩いて大津・水口・土山を経、鈴鹿峠へ出、四日市に出て横浜行の汽船に乗った。

その間慣れない様々な植物を見た。茶筒に入れて国へ送り植えて貰った。『しらがし』などは極めて珍しかった。『あぶらちゃん』の花の咲いた枝をとり、東京まで持って行った。（「幼年期」／同前）

富太郎の行くところ、あまねく植物あり。同行者は人間に限らなかったというわけだ。

「日本の博物館の父」田中芳男

東京・神田の猿楽町（現在の千代田区）に同郷の知人がいて、富太郎はそこで下宿先を世話してもらった。初めての東京では、旅の目的だった博覧会を見学し、顕微鏡や書物を購入したという。上野公園で開かれていた第二回内国勧業博覧会は、近代化を促進する明治の博覧会の代表格である。本館は煉瓦造りの二階建てで、イギリス人建築家のコンドルが設計を担い、他に6つの陳列館が立ち並んだというから、当時の殖産興業の最前線が集結した場であったろう。

続いて、神田一ツ橋にあった博物局に田中芳男を訪ねた。田中は当時、富太郎にとって憧れの的といってよい大先生だった。また、小野職愨にも面会した。佐川小学校時代に運命的な出会いをした、あの植物と動物の掛け図の作成に従事した本草学者だ。田中先生や小野先生の名前は、少年富太郎の心に焼き付いて以来ずっと離れなかったのである。

ここで田中芳男という人物についてお話ししよう。「日本の博物館の父」といわれる男である。天保9（1838）年、信濃国で旗本の典医をつとめる医師の三男に生まれ、明治から大正期にわたり博物学者として名を成し、明治政府では博覧会行政を主導する立場にあった。

明治の日本では、洋学教育を中心にした教育機関として官立の「開成学校」が設けられたが、その前身にあたるのが、「蕃書調所《ばんしょしらべしょ》」だった。江戸時代末期の安政3（1856）年に幕府が設けた洋学研究教育機関である。蕃書とは西洋で出版された書物のことを指す。蕃書調所は、日本に移入される西洋の書物を解読し、内容を精査するだけでなく、海外から日本に移送されてきた動物や植物の正体を調べる物産調査の対応も任されていた。

蕃書調所内に「蕃書調所物産学」が設けられた文久2（1862）年5月8日、その物産方で手伝出役を命ぜられたのが田中芳男だった。その後、蕃書調所は同年5月18日にはその名を「洋書調所」に改称され、さらに翌文久3（1863）年には「開成所」に、物産方は「物産所」と改められた。田中はその物産所で西洋の草花・野菜の栽培研究と目録作成に取り組んでいた。

博物学や物産関係の洋書の内容を調べるには、単に言語を解せるだけでなく、様々な動植物、すなわち博物を知る人材が欠かせない。それを担える唯一の人材が田中芳男だったといってよい。田中は、江戸時代に来日したシーボルトの指導を受けた、伊藤圭介に博物学などを学んだ。明治維新直前の慶応3（1867）年、幕府はパリで開催された万国博覧会に参加を表明するが、博覧会に関連する職務を担う、外国語を解する人材はほとんど皆無に近かった。幕府の要望に応え田中芳男は慶応2（1866）年に横浜からパリ万国博覧会へ出張する。

帰国した田中は、ただちに「大学南校」と名を変えた「開成所」の物産局に勤務を命ぜられた。明治4（1871）年に文部省が誕生すると、その名称は博物局となり、田中はその博物局掛となった。その多忙な合間を割って、田中は著名な植物学者であるリンネやド・カンドルらの著書などの博物書の翻訳に尽力し、さらに人材育成や教育にも大きく貢献したのである。

田中先生の厚意と富太郎の葛藤

富太郎より24歳、すなわちふた回り年上の田中であるが、すでに海外に精通し、学者であると同時に実務官僚であった彼との対面時、富太郎は何を感じたであろうか。初の東京は、初の世界への扉でもあったのだ。そして同好の士である博物学の大人《たいじん》がその扉を開けてくれる存在であったことに、富太郎は自分の歩んできた道を改めて肯定できたにちがいない。

さて、田中芳男との架け橋になってくれたのもまさに本だった。前述の田中による博物書の翻訳本（1872年刊）は、のちに富太郎の愛読書となったのだ。初の東京行きの際、「田中芳男に面会する」ことも富太郎は心に決めていた。内国勧業博覧会の見学、顕微鏡の購入、そして田中芳男との面会。若き富太郎は着実に目的をひとつずつ果たしていく。ゆえに、19歳となった明治14（1881）年とは、富太郎が単なる高知のいち植物愛好家ではなく、日本全体の植物を視野に研究に励む「牧野富太郎」へと変身していく重要な年だったといってよい。彼の人生において次の幕が開いたのである。

富太郎は田中に、「植物を研究したい」という希望をまっすぐに情熱を込めて伝えた。田中も高知からはるばる上京した富太郎の熱意を無下にすることはなかったようだ。彼を歓待し、援助の手も差し伸べてくれた。数年前の明治10（1877）年に創立された東京大学の植物学教授、矢田部良吉に富太郎を紹介する労を取ってくれたのだ。

しかしながら、ここで富太郎らしい一人っ子の気質が顔を出す。矢田部教授を紹介してもらいながら、彼を訪ねることなく植物の声に呼ばれるがままになる。翌5月になっても教授を訪問せずに、人力車や徒歩で日光街道を宇都宮まで行き、続いて杉並木を経由して、中禅寺湖まで旅をした。街道を北上するに従い、地元土佐で見慣れた植物は少なくなり、見慣れぬ草木が生い茂る林や草っ原に遭遇する。それこそが、彼の天然の牙城だったのだ。6月には東海道を選んで高知へ帰郷するが、そこでも箱根、関ヶ原、伊吹山、大津、京都などで植物採集をしている。

田中先生との面会が実現し、その上矢田部教授を紹介してもらって天にも昇る心地の富太郎はたしかにいただろう。しかし同時に不安も天を衝いたのか、紹介は受けたものの直ちに矢田部教授を訪ねるべきか否かで彼は葛藤を続けたにちがいない。当時の日本の唯一の大学の、唯ひとりの植物学教授である矢田部良吉との面会は、おいそれとはいかなかったのだろう。小学校中退の学歴しかない富太郎にとって、大学はあまりにも遠い存在だったのかもしれない。この姿勢は良くも悪くも牧野富太郎そのものだと筆者は思っている。

とはいえ東京から日光まで足を延ばしたことで、この年は〝植物採集事始め〟の年となる。富太郎が意図的に植物の採集を始めた元年というわけだ。ただし標本として現在も確認できるのは、伊吹山で採集したイブキスミレだけで、他の標本は見つかっていない。

明治14（1881）年はこうして暮れてゆく。富太郎は大学に矢田部を訪ねることもついになく、帰郷する。佐川に戻ってからもこんどは高知市、須崎市、横倉山、宿毛市、足摺岬から柏島、さらに沖の島などにも足を延ばすなど、精力的に植物の採集を続ける。ハカマカズラ、オオハグマ、ハスノハカズラ、アオイゴケ、スズカケソウ、ジュズネノキなど、多数のめずらしい植物に出会い、おし葉標本にした。

その後も富太郎は悩み続けた。自虐的になってもいたのだろう。富太郎は21歳になっていた。当時、多くの若者にとって本気で自分の将来を考えねばならない年齢は、とっくに過ぎていたのだ。

政治活動、そして再び植物へ

植物研究の道に進むと決心したにもかかわらず、その一方で富太郎は当時の社会状況や政治にも無関心ではいられず、社会進化論を唱えたハーバート・スペンサー（1820〜1903年）の翻訳書なども読んでいた。植物とはほとんど関係のない書に没頭するようになったのも、〝東京みやげ〟であろう。さらに、当時熱気を帯びていた自由民権運動などの政治活動にも無関心ではいられなかった。ある時には佐川村の柳瀬公園で催された集会で演説し、年が明けても村の公正社開業式や、忠君愛国自由懇親会という政治がらみの団体の集まりでも、演説を行った。その余勢をかって夜中に騒ぎ、一晩警察の留置場に留め置かれたことさえあったらしい。

だが、しばらくして富太郎は、それら政治関連の社会運動に自ら終止符を打つ。たぶんにしてこうした政治参画は、若者の多くが一度は通過する儀礼的側面もあったのかもしれない。当時も、そしてたぶん今も、浮世の風を向かい風とする青年期はたしかに存在する。

ようやく葛藤からぬけだせたのは明治19（1886）年だった。その年も年始は、自ら購入して寄贈したオルガンの弾奏を地元で指導したり、英語を学ぶための英学会の設立などに努めたりした。しかし、4月頃から開花するスミレの仲間の植物に関心を抱き、それを採集したのをきっかけに、ようやく富太郎は落ち着きを取り戻したのだった。その後、堰を切ったように、彼は休むことなく植物採集に傾倒した。高知県内を広く歩き、カラクサシダ、オオフジシダ、ウラジロウツギ、ジョウロウホトトギス、キカシグサ、トサオトギリ、ノジアオイ、スナゴショウ、ミズヒキモ、トリガタハンショウヅル、アオテンナンショウ、ミツバテンナンショウ、サカワサイシン、トサノミツバツツジ、トサムラサキ、コオロギラン、アゼトウナ、シオギクなど、多数の新種や稀産種などを含む興味深い植物を見出し、また稀少な植物の分布を明らかにした。富太郎は再び植物のもとに帰ってきた。春らんまんの〝帰郷〟である。

自然科学の愉しみを味わう標本作製

さて、めでたく次章に進む前に、富太郎の標本について言及したい。少々、時計の針を戻そう。話は遡り、明治15（1882）年のことである。

ナウマン博士という日本で最初の地質学教授がいる。ハインリヒ・エドムント・ナウマンというドイツ人で、いわゆる「御雇外国人」である。大正10（1921）年に浜名湖で発見された化石の和名であるナウマンゾウに、その名を残す人物だ。化石採集のために、彼は高知も訪れた。

富太郎は、ナウマン博士らに倣って化石採集の真似事などにも挑戦した。植物採集とは異なる野外調査のやり方には興味深いものを覚えたのだろう。また、どんな小さな骨などの遺物も見逃さない徹底した調査手法は、彼にはとても新鮮だった。それまで単に目に触れた植物を適当に採集してきた自らの姿勢を反省する機会にもなったようで、それ以降の富太郎は、同じ種の個体かどうかにかかわらず、同一場所に生えるほぼすべての植物は一様に採集し、しかもその複数個体を標本にするようになった。動物の化石と生きた植物の違いがあるとはいえ、ナウマン博士と自分自身の研究には相通じる自然科学者の矜持があるということを、富太郎はつかんでいたのだろう。常にプロを師とした富太郎ならではだ。のちに次のように振り返っている。

佐川の町の人が科学《サイエンス》に親しむ風があったについては、佐川が有名な化石の産地であることも与《あずか》って力ある。具石山・吉田屋敷・鳥の巣等には化石の珍物が出るので名高い。ナウマンという鉱物学の先生や、地質学の大御所だった小藤《ことう》文次郎先生等も、化石採集に佐川にきた。（「幼年期」／同前）

そして肝心の標本である。

富太郎が作製した標本の大半は、おし葉標本である。腊葉《さくよう》ともいう。採集した植物を平らにし、上から圧をかけ乾燥させて仕上げる。作り方が比較的簡単で、特徴がよく保たれ、しかも保存スペースをあまり取らないため、世界の植物園や博物館、大学など多くの研究機関が選んでいる方法である。日本では、こうした標本が普及するのは明治の世になってからだった。

富太郎は、採集した植物に具わる特徴が可能な限り失われないように、丹精を込めて標本を作った。小さな草本などは、原則として、地中から全体を掘り取り、根、茎、葉はむろん、花または果実のどちらかを最低でも具え、また、無性芽などの付属物があれば、それらもすべて採取して標本に加えた。さらに、個体間での変化や生長のばらつきなども推測できるように、ひとつの集団（や群落）から多数の個体を採集して標本にした。

また、木本《もくほん》（樹木になる植物）では、短枝（葉が込み入って着く枝）を優先して採取するが、枝によって生じる葉に大小だけでなく、かたちなどにも相異がある場合は、長枝（葉が間隔をあけて着く枝）も採取した。落下し易い果実などは別に袋に収納して持ち帰り、大型の花や果実では全形をスケッチまたは写真撮影し、重要な一部を標本として保存した。富太郎がそのような採集法に通じていたのは、永沼小一郎が所持していたイギリスの植物学書で学んでいたからだろう。

寝る間も惜しんで標本作り

おし葉標本の作り方を簡単に説明しよう。

新聞紙1頁分を二つ折りにしたサイズ（約45×27㎝）の吸湿性の良い紙（新聞紙など）

の間に、採取した植物を紙からはみ出さないように挟み込む。花などの柔らかく脆《もろ》い部分は柔らかな紙に挟むか包むなどする。植物を挟んだ新聞紙を吸湿紙と交互に順次積み重ねて高さが40〜50㎝に達したら、その上下を板または厚紙を使ってきつく縛る。

挟んだ植物が乾き始めたら成形に移る。折れ曲がった葉や花弁などの部分を伸ばすなどしてかたちを整える。大事なのは、乾燥だ。十分に植物が乾くまで、植物を挟んだ新聞紙の上下に入れた吸湿紙を毎日交換する。多くの場合、完全に乾燥するまでには3週間からひと月、あるいはそれ以上の時間がかかる。そのため一度に大量の植物を採取した場合は、大いに手間取ることになる。今では電気乾燥機もあり、吸湿紙の乾燥も楽になったが、当時はいうまでもなく忍耐を要した。しかも宿泊を伴う採集旅行になれば、当然のごとく、行く先々で植物を乾燥させなければならなかった。乾燥に用いる吸湿紙(多くは新聞紙で代用した)をほぼ毎日換えながら、宿の部屋中に植物を広げて天手古舞《てんてこまい》だった。文字通り、寝る間も惜しんで標本作製に励む日々だったのだ。

仮に、採取した植物が新種であると判明したとしよう。

その植物に学名を与え、命名規約に従って新種として発表するには、その植物の形態を綿密に記載する必要がある。

多くの場合、花や果実、葉のかたちや大きさや質が、記載すべき重要な対象になっている。例えばイチョウの葉などで見られるように、大きさには「変異」と呼ばれる変わり得る幅があり、かたちも決して一様とはいえない。こうした変異性は、植物ばかりでなく動物にもあることが知られている。したがって、葉の記載では、その一様とはいえない長さと幅の値を記述するために、多数の標本に当たって計測し、変異すなわち変化する幅を示すことや平均値を示すことが求められる。だからこそ新種の発見には、多数の同種の標本が必要とされるのだ。

もちろん富太郎も、手間を惜しまず同時に複数の標本を作製した。分類学では、同じ集団や個体から同時に複数の標本を作る場合、そのうちの1点を除いた他のものを「重複標本」と呼ぶ。そして富太郎の標本の特色のひとつに、多数の重複標本を含むという点がある。とにかく彼は、ぼう大な植物を採集したのである。

富太郎は最終的に、ぼう大な量の標本を束ねたままの状態で残している。必ずしも研究などに利用しようとはしていない。彼自身高齢になり、野外での調査に出かけられなくなった晩年にも、そうした標本が活用されることはほとんどなかったようだ。

第3章　疾風怒濤の植物愛

「天然の教場」と呼ぶ林の中で植物採集する富太郎。「矜(ほこ)りやかにすべし」が彼のモットー。

郷里を捨て、岸屋を捨て

初めての上京で目にした東京は、自分の想像をはるかに超えていた。しかしながら百聞は一見に如かず。故郷に戻ってからの富太郎は、東京で植物学の研究に勤しむ自分と、あくまでもひとりの植物愛好家として佐川で岸屋の経営を引き継ぐ自分を現実的に比べることができた。祖母の浪子の期待通りに岸屋を選ぶか、それとも郷里も岸屋も捨てて、東京に出て植物研究の道を邁進すべきかの二択である。

富太郎がその選択に悩む一方で、祖母の浪子は彼の結婚を考えていた。相手は、従妹の牧野猶《なお》。いうまでもなく、彼に岸屋を継がせるためである。富太郎を郷里に留め置く方法は、これ以外には考えられなかったのだろう。

結婚が成立すれば、岸屋は安定し、その後もずっと続くだろう。それは浪子の悲願だった。同時にこの婚姻は、植物学者としての富太郎の将来を否定するものでもあった。富太郎は、できることなら祖母の期待に応えたかった。がしかし、植物学者としての将来を捨てることは彼にはどうしても考えられなかったのである。
富太郎はいったんは猶との結婚に同意したものの数年後には離別し、岸屋よりも植物学を、また佐川ではなく東京を選ぶ意思表示をする。明治19（1886）年6月頃、富太郎はようやく矢田部良吉教授を訪ねたのだ。* 前年9月に神田一ツ橋から本郷本富士町に移転した、東京大学理学部（当時は帝国大学理科大学）での面会だった。初の上京時に田中芳男から矢田部教授宛の紹介状を得てから実に5年の歳月が経っていた。

*注　富太郎が初めて矢田部良吉を訪問した年を明治17（1884）年［小倉（1940年）、渋谷（1987年）、小松（2000年）］などとする説もある。本書では『矢田部良吉年譜稿』を著した太田・有賀（2016年）の説に従った。一ツ橋時代の東京大学の建物は現在の学士会館の辺りにあり、2階建ての本館は白いペンキで塗られ、当時ニコライ堂や三井銀行と並び首府東京の偉観のひとつに数えられていた。一ツ橋時代の東京大学のそうした特異な景観の記述が富太郎の著述に見られないことも、太田・有賀説の根拠のひとつである。

青長屋で三博士と出会う

富太郎はもはや植物研究のことしか考えていなかった。

矢田部教授と面会することは、郷里との決別を意味した。佐川という一、地方にいたのでは、日本そして世界に通じる植物学者にはなれないことを痛感し、悩みぬいた果ての訪問であった。のちに富太郎は、教授らは「非常に私を歓迎してくれた」と綴っている。

新設されて間もないとはいえ、佐川では得られない大学の研究環境に富太郎は目を奪われた。自分ひとりでは到底できない、研究のための標本や書籍など、学問のための資産といえる学術財の蓄積ばかりではなく、同じ研究に取り組む若手のスタッフや白井光太郎や宮部金吾など、東京にも同好の士は少なくなかったのだ。富太郎は出入りを許された東京大学の植物学教室で、ただちに研究を開始する。教場にはのちに深いかかわりをもつことになる助教授の松村任三と大久保三郎もいた。

東京の大学の植物学教室は当時俗に青長屋といわれていた。植物学教室には、松村任三《じんぞう》・矢田部良吉・大久保三郎の三人の先生がいた。この先生等は四国の山奥からえらく植物に熱心な男が出て来たというわけで、非常に私を歓迎してくれた。私の土佐の植物の話等は、皆に面白く思われたようだ。

それで私には教室の本を見てもよい、植物の標品も見てよろしいというわけで、なかなか厚遇を受けた。私は暇があると植物学教室に行き、お蔭で大分知識を得た。

（「自由党から脱退」／『牧野富太郎自叙伝』講談社学術文庫２００４年）

入学せずとも学び舎あり。ここでも、こころざし一本で道を拓く富太郎の姿勢が見て取れる。生涯通じて変わらぬ彼の学び方である。失望する祖母や猶の姿も時おり心に浮かんだが、もはや決心は揺るがなかった。後年、ある科学史の専門家には〝そうと決めたら、梃子《てこ》でも動かない坊ちゃん気質〟と評されている。

富太郎はまた、石版印刷業を営む太田義二の工場にも出向き、石版技術をも習った。

富太郎は当初、東京で学んだのちに帰郷し、郷里で研究を続けながらその成果を逐次出版するつもりでいたのだ。しかしそのうち、「出版はやはり東京でやる方が便利」なのを思い知り、「郷里でやる計画は止めにした」。それでも石版技術の習得にこだわり続けたのは、世界に通用する高度な技術を駆使した植物画を自らの手で世に出したいと切望していたためだろう。

初の論説掲載と祖母の死と

明治19（1886）年、富太郎は6月に上京したが、コレラの大流行に見舞われた東京を避けるため、とくに9月以降は年末まで箱根に滞在し、芦ノ湖で水草などを調べるなどして過ごした。郷里でも気が向くままに独修をずっと続けた彼である。ただ独りで箱根に滞在しても気持ちが塞ぐようなことはなかった。矢田部教授に面会できたことで、上京前のもやもやした気分はすっかり期待に変わっていた。芦ノ湖には高知では目にし得ない植物が多くあり、それだけでそこは彼の学びの場となった。芦ノ湖周辺の湖水にも、佐川では見かけないヒルムシロの仲間の植物が群生していて、それらも富太郎の心を虜にした。

類は友を呼ぶ。東京大学の周りには、植物に関心を抱く研究仲間が次第に増えていった。学校の先生などを中心にした研究者であった。それを受けて、〝汎《あまね》く植物学を研究する〟ことを目的とした有志によって、研究成果や関連情報などを提供する学会が設立された。今日の日本植物学会の前身に当たる「東京植物学会」だ。

当学会の中心となったのは、先述の松村と大久保だった。彼らは植物学の大先達である伊藤圭介と賀来飛霞《かくひか》の両先生にも謀《はか》り、創設の方法などを協議した。その結果、東京大学の付属となった小石川植物園にて、矢田部を会長にした第1回の会合が開催された。明治15（1882）年2月のことである。

学会では、機関誌『植物学雑誌』が刊行された。研究成果の論文発表や会員間の交流などを目的としたもので、明治20（1887）年2月に第1巻第1号が発行される。富太郎が執筆した「日本産ひるむしろ属」が掲載されたのも、この創刊号である。

ただしこの『植物学雑誌』は、創刊号からしばらくの間は学術論文の場とはならなかったようだ。掲載の中心となっていたのは研究論文ではなく、創刊号に見られる「苔蘚発生実検記」（白井光太郎）のような、植物学の紹介と普及を目的にした記事だった。富太郎の「日本産ひるむしろ属」もそうした論説のひとつだった。同誌が文字通り、日本を代表する植物学の学術雑誌として世界にも注目されるようになるのは、かなり後のことであった。

同年の5月に、母に代わって富太郎を育ててくれた祖母・浪子が78歳で亡くなった。富太郎は25歳。初の論説「日本産ひるむしろ属」が発表された直後だった。他の誰よりも彼を庇護してくれた浪子は、はたしてその快挙に触れられたのだろうか。

富太郎にとって浪子の死は、ただの悲しみを超えたものであったろう。いわば退路を断たれるかの如く、彼の眼前には植物学者になる道しかなくなったはずだ。今やそれは、祖母への恩返しの道にもなることを彼は悟ったことだろう。

矢田部宣言の明と暗

浪子の死から3年が過ぎた。時は明治23（1890）年、富太郎は28歳となる。植物学教室での研究の機会を与えてくれた矢田部教授は、この年10月刊行の『植物学雑誌』に「日本植物ノ研究ハ以後欧米植物家ヲ煩ハサズシテ日本植物家ノ手ニヨリテ解決セン」という一文を寄せた。題して「泰西植物学者諸氏ニ告グ」、要は国内における植物学の進捗状況を顧みた論考だった。

のちに「矢田部宣言」と呼ばれるこの寄稿の背景には、日本人自身の努力によって研究材料である植物標本が格段に増加したことと、欧米の専門家に標本を送り同定（鑑定）を求めても必ずしもすぐには回答が得られない状況とがあった。「泰西植物学者諸氏ニ告グ」は、いみじくも日本における本格的な植物分類学の幕開きを示すものでもあったのだ。

富太郎は皮肉なことに、同時期にこの人物から植物学教室への〝出入り禁止〟を宣言されていた。『自叙伝』において詳細な様子が残されている。

図篇第六集が出版されたのが、明治二十三年であったが、この年私には、思いもよらぬ事が起った。というのは大学の矢田部良吉教授が、一日私に宣告して言うには、「自分もお前とは別に、日本植物志を出版しようと思うから、今後お前には教室の書物も標品も見せる事は断る」というのである。私は甚だ困惑して、呆然としてしまった。私は麴町富士見町の矢田部先生宅に先生を訪ね、「今日本には植物を研究する人は極めて少数である。その中の一人でも圧迫して、研究を封ずるような事をしては、日本の植物学にとって損失であるから、私に教室の本や標品を見せんという事は撤回してくれ。また先輩は後進を引立てるのが義務ではないか」と懇願したが、矢田部先生は頑として聴かず、「西洋でも、一つの仕事の出来上る迄は、他には見せんのが仕来りだから、自分が仕事をやる間は、お前は教室にきてはいかん」と強く拒絶された。私は大学の職員でもなく、学生で〔も〕ないので、それ以上自説を固持するわけには

ゆかなかったので、悄然と先生宅を辞した。（「矢田部良吉博士（と）の支吾」／同前）

本書で引用している『牧野富太郎自叙伝』の初出は、『日本民族』という雑誌の２８７号から２９５号（１９３９〜40年）に連載された同名の「牧野富太郎自叙伝」である。この雑誌が植物学者にどれほど読まれていたかはわからないが、本稿はその16年後、同じ表題で出版された単行本『牧野富太郎自叙伝』（長嶋書房／１９５６年）にも収録されている。その単行本『自叙伝』の出版は、富太郎自身が亡くなる前年のことである。

矢田部と富太郎の関わり合いは、本当はどうだったのだろう。昭和18（１９４３）年に池野成一郎《せいいちろう》が亡くなり、これで富太郎を支援した友人、諸先生らはすべて過去の人になってしまった。それゆえ、『牧野富太郎自叙伝』が単行本として刊行された時点で、当事者はいずれも故人となり、その内容の真偽を指摘できる人は皆無となってしまった。

いみじくも大学先進国のアメリカ合衆国の名門コーネル大学に留学し、当地で第一線の研究を体験してきた矢田部が、研究者や学生らに教室が所蔵する図書や標本の利用を禁じる発言をしたとは信じられないことである。筆者は、矢田部が富太郎に注意したいことがあったのだと見ている。それは、当時の植物学教室が収蔵する重要な図書の多くを富太郎が自室に持ち出していたことであろう。

後年の明治33（1900）年に植物分類学研究室で撮影された写真がある（12ページ）。写真の中央に富太郎が立ち、その右手と足元などに置かれた多数の書籍には教室の蔵書であることを示すラベルが貼られて、それらが植物学教室の蔵書であることがわかる。まだ、今日のように図書が多い時代ではなく、これだけ多量に教室の蔵書を富太郎が借りだしていたら、他の研究者は利用できずに困惑したにちがいない。にもかかわらず、この〝共用が建前の〟分類学研究室を独占し、しかも研究に欠かせない図書を多数借りだし独占し、それに平然としている富太郎の態度は、矢田部でなくとも学内の責任者にとってみれば、注意もしたくなる構図だったといえるだろう。他人の迷惑を顧みることが、あいかわらず富太郎には欠けていた。つまり、当時矢田部が彼に伝えたかったことは、教室の出入りや、標本・図書の利用を禁じることではなく、図書などの独占にたいする富太郎への注意だったのではないだろうか。

とはいえ矢田部自身もその後、教室から追われることとなった。富太郎との〝悶着〟の年、明治23（1890）年に松村任三が教授となったが、翌24年3月31日に矢田部教授は非職を命ぜられ、教授の職を辞めさせられる。あまりにも突然のことで驚く者も数多くいたという。今日ではこの〝事件〟は、学内や学閥関係との軋轢《あつれき》などが原因とされているが、はっきりとした根拠はないようである。筆者も断定はできないものの、この一件には日本初の文部大臣であり開明派の森有礼《ありのり》刺殺事件（明治22〈1889〉年）が大きく絡んでいると思われる。急進的な欧化主義への逆風である。明治の世は、浮世の風が強かった。植物人富太郎もどっこい、その風を体験したともいえよう。

幻と消えたロシア行き

艱難辛苦は転機にもなる。富太郎もその渦中で発奮する。先述の『自叙伝』中の「第一の受難」に以下の記述がある。これは、「学校の標本や書物を見ることは遠慮してもらいたい」と矢田部教授から言われたことを受けてのものである。

私が思い切ってロシアへ行こうと決心したのは、その時である。ロシアにはマキシモヴィッチという学者がいて、明治初年に函館に長くおったのであるが、この人が日本の植物を研究してその著述も大部分進んでいるという事であった。私はこれまでよくこの人に標品を送って、種々名称など教えて貰っていたが、私の送る標品には大変珍しいものがあるというので、大いに歓迎してくれ、先方からは同氏の著書などを送ってよこしたりしていた。この時分には私もかなり標品を集めていたからこれを全部持って、このマキシモヴィッチの許《もと》へ行き大いに同氏を助けてやろうと考えたのである。しかし、この橋渡しをしてくれる人がないので、私は駿河台のニコライ会堂へ行って、そこの教主に事情を話してたのんだ。すると、よろしいと快諾してくれ、早速手紙をやってくれた。

しばらくすると、返事が来たが、それによると、私からの依頼が行った時、マキシモヴィッチは流行性感冒に侵されて病床にあった。私の行く事を大変喜んでいたが、不幸にして間もなく死んでしまったということで、奥さんか娘さんかからの返事だったのである。それで私のロシア行きも立消えとなってしまった。（同前）

富太郎が29歳となった明治24（1891）年に、神田駿河台に一般には「ニコライ堂」と呼ばれる日本ハリストス正教会教団の「東京復活大聖堂」が誕生した。日本では「ニコライ主教」と呼ばれているイヴァーン・ドミートリエヴィッチ・カサートキンは、1836年にロシアのスモレンスク県で生まれ、若くして布教のため函館に渡った後、東京に移り、1912年に東京で亡くなった。その墓は奇しくも矢田部良吉のそれと同じ谷中の墓地にある。ニコライ主教は信仰のことだけでなく、数々の日本とロシアとの交流の橋渡し役を果たす貢献もしたことで知られている。ここにも新たな風にいざ飛び込まんとする富太郎の勢いが窺われる。

ところで平成11（1999）年に、高知県立牧野植物園が、ロシアのコマロフ植物研究所と共同でマキシモヴィッチと牧野富太郎の植物研究上の交流にかかわる調査を行った。その際、富太郎がニコライ主教に依頼した案件について、主教からマキシモヴィッチに宛てた次のような手紙も見つかった。

「9月5日、……牧野自身についていえば、非常に感じがよく、見たところとても親切で、しかも有能な25歳の青年です。父親と母親はありませんが妻はあり、子供はまだなく、土佐の出身です。……望んでいることは、次の通りです。牧野氏を植物の研究のため貴方のところへ行かせてくれませんか。サンクトペテルブルクまでの旅費は彼が持っていますが、サンクトペテルブルクで暮らす費用は持っておりません。そちらで彼が衣食を得るために貴方から植物採集と植物園での職を与えてもらえないでしょうか」

ニコライ主教による、明治23（1890）年付のものである。

こうしてマキシモヴィッチへの紹介を快く主教に引き受けてもらえたことで、富太郎はすっかりロシア行きの連絡を待つばかりの気持ちでいたのだろう。しかしながらそれはとんだ早とちりで、主教からの次なる報せは、マキシモヴィッチの死を伝える悲報だった。この時の悲痛な思いを、富太郎は「所感」と題する七言十六行の詩に託している。

「所感」

結網学人

専攻斯学願樹功
微軀聊期報国忠
人間万事不如意
一身長在轗軻中
泰西頼見義侠人
憐我衷情傾意待
故国難去幾踟躕
決然欲遠航西海
一夜風急雨蜑蜑

義人溘焉逝不還
倏忽長隔幽明路
天外伝訃涙潸潸
生前不逢音容絶
胸中鬱勃向誰説
天地茫茫知己無
今対遺影感転切

一部を訳すと次のような大意である。

植物学を専攻して、功績をたてようと願っていた。
私は長く不遇のうちにあった。
幸い西洋に義侠の人がいて、

私の真心を憐れみ、心を傾けて待っていてくれる。
ところが一夜、風は激しく、雨は暗く降りしきり、
あの方は突然あの世へ旅立ち、
二度と帰らぬ人となってしまった。
遠くより訃報を伝え聞いて涙がはらはらとこぼれる。

そもそも富太郎がロシアのマキシモヴィッチの許への遊学を考えたのは、日本の植物でさえたちどころに特定できるマキシモヴィッチのすぐれた才能に加え、彼の手元にあるらしい日本や東アジアの豊富なコレクション（標本）のためだったと思われる。すなわちあくまでも学術上の魅力であり、矢田部先生に叱責されての決心などではまったくないといってよい。にもかかわらず、『自叙伝』に前述のように記す富太郎は〝お坊ちゃん気質〟だといわれても、まあ仕方ない。

偉大なる植物学者マキシモヴィッチ

ここでマキシモヴィッチについて、簡単に説明したい。カール・ヨハン・マキシモヴィッチは1827年モスクワ近郊で生まれ、植物学者として名を成した。幕末の万延元（1860）年から元治元（1864）年まで函館に滞在し、サンクトペテルブルクで明治24（1891）年に没するまで東アジアの植物相解明にその生涯を懸けた博士である。

日本の植物学者らは、マキシモヴィッチを先達とした。採集した植物を標本にすると異国の彼のところへ送り、名称（学名）を尋ねていた。ロシアのサンクトペテルブルクにある、コマロフ植物研究所の前身となる施設（1714年設立）がその送り先だった。東京大学設立後も矢田部教授らはその習慣に倣い、標本を送り同定を求めている。また、明治17（1884）年のサンクトペテルブルクでの万国園芸博覧会には、東京大学から植物園にて調製した植物43種が出品され、大学に中金牌1個が授与された。

そのような経緯で富太郎はマキシモヴィッチが日本の植物の分類（同定）に応じてく

れることを知り、彼に標本を送ろうと考えたのである。といってもマキシモヴィッチどころかロシアにまったく伝手のない富太郎は、東京大学からマキシモヴィッチに送る標本中に、507点の自身が採集した標本も同梱してもらうことにした。明治20（1887）年のことである。

マキシモヴィッチは、富太郎が大学経由で送った標本を同定し、それにもとづいて数々の新種をも発表した。そのなかには、富太郎の名前（姓）を学名の一部に採り入れた「Sedum makinoi」（マルバマンネングサ）もあった。学名に自分の名前が採り入れられたことに富太郎は狂喜し、郷里の友人に〝鬼の首でも取ったように〟大喜びしたことを書き送っている。

マルバマンネングサは小さな岩上や石垣などに生えるベンケイソウ科の植物で、梅雨の頃に黄色い星状の小さな花を多数生じるが、どちらかといえば地味な草本である。四国など西日本に広く分布している。富太郎は四国でマルバマンネングサの他にも、未だ記載されていない新種を続々と発見していた。それらのうちベンケイソウ科では、ヒメキリンソウ（Sedum sikokianum）やチチッパベンケイ（Sedum sordidum）はマキシモヴィッチが、タカネマンネングサ（Sedum tricarpum）、ヤハズマンネングサ（Sedum tosaense）、アオベンケイ（Sedum viride）、チャボツメレンゲ（Cotyledon sikokiana）は富太郎が発表した新種である。富太郎はこれらすべてをマキシモヴィッチの記載方法に倣って発表している。

それからわずか3年ののちに、この偉大な師を喪う富太郎であったが、東京大学での研究成果は数多くの新発見に彩られた。いうまでもなく、それに先立つ郷里四国での独修あっての成果である。少年の頃から類似する植物を見比べ相異点を見つける力は卓越しており、この眼力は「牧野植物学」をその後も支えるゆるぎなきバックボーンとなった。しかも、マキシモヴィッチという異国の師に導かれて新種発表の世界へ足を踏み入れたことで、国外への扉も開かれた。たとえ師が永久に去ったとしても、このまま前へ進むしかない。頼りは自身の植物愛のみになった富太郎、30歳は目前だった。

大学助手の職に就く

植物学者を目指すために唯一残された選択は、大学に戻り自らの研究に地道に取り組むことだった。東大の植物学教室では、松村任三が明治23（1890）年9月13日付で教授に任命され、明治24（1891）年3月31日に矢田部教授は突然非職を命ぜられたのは先述の通りだ。

そして時が実る。明治26（1893）年9月11日、富太郎は東京大学（当時は帝国大学理科大学）の助手に採用された。植物学教室のわずか4名の研究スタッフ（松村教授、大久保助教授、平瀬助手、それに助手の牧野富太郎）の一員となったのだ。しかも待遇面でもかなりの高給で、富太郎が手にした最初の給与は月額15円だった。ここでも『自叙伝』から引用しよう。

矢田部先生罷職の事があった直後、大学の松村任三先生から郷里の私のところへ手紙で、「大学へ入れてやるから至急上京しろ」といってきた。私は「家の整理がつき次第上京する、よろしく頼む」と書いて返信し、明治二十六年一月上京した。やがて私は、東京帝国大学助手に任ぜられ、月俸十五円の辞令をうけた。

大学へ奉職するようになった頃には、家の財産も殆《ほとん》ど失くなり、家庭には子供も殖えてきたので、暮らしはなかなか楽ではなかった。私は元来鷹揚《おうよう》に育ってきたので、十五円の月給だけで暮らすことは容易な事ではなく、止むなく借金をしたりした。借金もやがて二千円余りも出来、暮らしが面倒になってきた。（「月棒十五円の大学助手」／同前）

「家庭」とは、5年前に東京・根岸で持った新所帯だ。最愛の伴侶となる壽衛《すえ》とである。因みに、この年の東京の公立小学校教員の初任給は5円であり、富太郎が手にしたのはその3倍である。さらに富太郎は助手に採用される前後から、たびたび植物の標本整理や採集を大学から委嘱され、その都度、手当として15円を支給されていた。それだけでなく、教室の承諾を得て農事試験場、東京帝室博物館、千葉県立園芸専門学校などで兼業することを許可されていた。こうした数々の優遇措置は、明らかに唯一の教授であった松村教授の格別の配慮によるものであった。

それでも富太郎には足りなかった。富太郎亡き後も彼の標本の多くが後進の研究に役立っているのに鑑みれば、彼の挺身への報酬はそもそも値付けが不可能なものだったのかもしれないが。

なにしろ植物分類学では、生きた個体だけでなく標本を用いて分析することが研究に欠かせない。しかし、創立から間もない東京大学が収蔵する標本は数が少なく、標本の収集自体が重要な課題であり、研究上の急務となっていた。そのため植物の標本整理や採集を富太郎はたびたび命ぜられていた。

富太郎の収集した標本の一部は東京大学の植物標本室に納められ、彼自身の研究に用いられただけでなく、他大学や博物館の植物学者、さらには世界の植物学者の研究に利用された。国内外で発表された論文にも、彼が採集した標本が数多く引用されている。

さらに富太郎の手元に残された未整理の標本は、没後に東京都立大学に付置された牧野標本館に納められ、専門家の手で整理され、分類体系に則して保管されている。金銭感覚のない人物がいたからこそ、その分野が進化を遂げる。そんなパトロンの法則が、富太郎と植物分類学の間にも当てはまるのかもしれない。

論文執筆に苦労する

さて、マキシモヴィッチの項でも触れたが、新たに発見された植物を研究して学名を与えることを命名という。

最初にそれを行った日本人は、英国に留学していた伊藤篤太郎《とくたろう》である。ロンドンで『リンネ協会雑誌植物編』（1887年）に発表された、メギ科のナンブソウを「近似種である北アメリカ産の変種」と認めて学名を変更する論文だった。これとは別に、トガクシショウマ（トガクシソウ）が他の種とは形態上大きく異なることを明らかにし、その研究成果をロンドンの学術誌『ジャーナル・オブ・ボタニー』（1888年）に発表もしている。その時提案された属名が、江戸時代の本草家、小野蘭山に献名された「Ranzania《ランザニア》」(トガクシショウマ属)で、同時に「Ranzania japonica」をトガクシショウマの学名として提唱した。

植物学者にとって命名は、文字通り「命」だった。むろん富太郎も例外ではない。彼には『植物学雑誌』創刊号に載ったヒルムシロ属の図解を伴う論説記事が知られているが、最初に発表した論文は、同誌第2巻に掲載された「日本植物報知(第一)」である。その冒頭の一部を紹介しよう。

方今《ほうこん》植物の採集漸く盛んにして随《したがえ》て新品の世に出ずるものも少なからず、又従来其品の稀少なるが為めに充分の研査を経ざるもの今此に其産地を発見して従て其状を詳《しょう》悉《しつ》したる者あり、或は従来一名の下に混淆《こんこう》して一種と見倣れしものも今日其誤謬《ごびゅう》を正したるもの等ありて、日本植物も日を追うて名実相称うたる域に到達せんとするの勢あり。上に就て予の得たる新件と又予の植物研査に従事するの際に識得したるものとを併せて之を報道するは、日本植物を調査せられんと欲する士に対して些少の帮助なくんばあらずと信ず。

これが掲載されたのは、富太郎が26歳の時だった。当時の学者の多くは、このような漢文を読み下したような日本文を書いたのである。佐川の蘭林堂や名教館に学んだ彼は、あまり苦労することなくこうした文章を書くことができた。それは彼の強みでもあった。

しかしながら植物界のフィールドは、さらに広かった。

そののち『植物学雑誌』では、論文の横書きや英文での掲載が主流となっていく。この措置に伴い富太郎も、「日本植物報知（第十五）」（1892年刊）より連載論文を英文で書くことに踏み切った。というか、そうせざるを得なかった。

明治22（1889）年1月、富太郎は助教授の大久保三郎と共に、日本の学会からは初となる新種を記載した論文を同誌に発表した。「Theligonum japonicum Okubo & Makino」で、日本語名（和名）を「ヤマトグサ」（アカネ科に分類）とした。

科学には国境はない。なかでも自然科学の諸分野での情報交換や発信には日本語や漢文ではなく、世界の多くの国の科学者が読んで理解できる英語、フランス語、ドイツ語など、西洋の主流言語が汎用されていた。加えて、植物学では新種と認められた新しい植物を正式に発表するには、ラテン語で記載することが一時期、国際的な植物の命名規約で定められていた。しかし、この規則が定められる以前においても、記載文だけでなく、論文そのものも不易不変性が高いとされたラテン語で書かれることが少なくなかった。少々余談になるが、これは中世以降のヨーロッパの学者や教養人たちの習性に因っている。重要な事柄について彼らは、日常語ではなく専らラテン語で表記していたのだ。ちょうど日本においても、教養ある人たちが漢文で手紙などを書いていたことに相通じるだろう。

さて、富太郎である。残念ながら彼には、ラテン語どころか英文でさえ解読かつ叙述する技量がなかった。というより、学ぶ機会がなかったのだ。漢籍に注いだ情熱の一部でもラテン語、英語に向けられていたなら、富太郎の論述はさらに格段の発展を遂げていたと筆者は考える。彼にとって、新種などの記載論文を欧文で書くのは並大抵のことではなく相当に苦労した。この面で彼の支えとなったのは池野成一郎、のちに続いて三宅驥一《きいち》、さらに時代を隔てて久内清孝《ひさうちきよたか》の各氏だった。

池野成一郎の友情

池野成一郎は秀才だった。当時、帝国大学理科大学と呼ばれるようになった現在の東京大学理学部を明治23（1890）年に卒業し、大学院に入学するも、同年秋には新たに帝国大学に編入された農科大学の授業嘱託となり、明治24（1891）年に助教授となった。植物学科の学生だった頃からすでに、彼の偉業は知られていた。当時技手の職にあった平瀬作五郎のイチョウの受精研究を助け、種子で殖える植物には存在しないとされていた精子の発見を実現し、自らもソテツにも精子があることを突き止めていたのだ。22歳の時には武蔵大箕谷八幡（現在の杉並区大宮）において、富太郎と共にアズマツメクサという小さな草を日本で初めて発見している。その後も遺伝学などに関係する多数の論文を書き、明治39（1906）年にはその後長く版を重ねた『植物系統学』を著し、日本の植物学に大きな功績を残した。

そんな池野は富太郎より4歳年下だが、富太郎を常に支える存在だった。農科大学に就職したのちも、富太郎に顕微鏡を用いた観察方法を教えるなどして研究上の支援を続けた。それればかりでなく富太郎の英語の論文作成などにも助力した。

そんな池野の献身もあり、明治23年3月25日に刊行した『日本植物志図篇』第1巻第6集やそれ以降の論文で、富太郎は英文による新種の発表ができた。英語の論文のおかげで、彼が国際的な植物分類学者の仲間入りができたことはいうまでもない。

三宅驥一の支援

池野と同様に、あるいはそれ以上に富太郎を助けたのが三宅驥一である。三宅はたいへん面倒見が良く、ほとんど学歴のない富太郎を惜しみなく支援した。というのも三宅自身が旧制高校の出身でないため、東京大学に苦労して入学した経緯《いきさつ》があるからだといわれている。5年間に及ぶ海外留学の経験もあり、語学の面で大いに富太郎を助けた。

のちに三宅は、苔類《たいるい》というコケの仲間の一種について研究し、それが未知の属の新種であることを突き止めた。その成果をまとめた論文を明治32（1899）年に『植物学雑誌』、さらにドイツの植物学雑誌である『ヘドウィンギア』に発表し、そのなかで「Makinoa」と名付けた新しい属を記載した。Makinoa（和名、マキノゴケ属）は牧野富太郎に献じられた属名で、牧野の姓が植物の学名として残ることになったのだ。

牧野が78歳時に刊行した『牧野日本植物図鑑』（北隆館）の序では、三宅の名を最初に掲げて謝辞を述べている。本書で多くを分担した執筆者でもないのに、である。それは、三宅こそがこの図鑑の大恩人だったからに他ならない。出版・編集の基本方針の策定に尽力し、さらに富太郎の論文原稿を読んで修正の手を加えた。しかもそれらを日本人離れした英文にしたのが三宅なのである。もしも彼との出会いがなければ、富太郎はまったく異なる道を歩んでいたかもしれないといえるほど、晩年に至るまで三宅の支援を受けた富太郎である。

第4章　比類なき富太郎の植物画

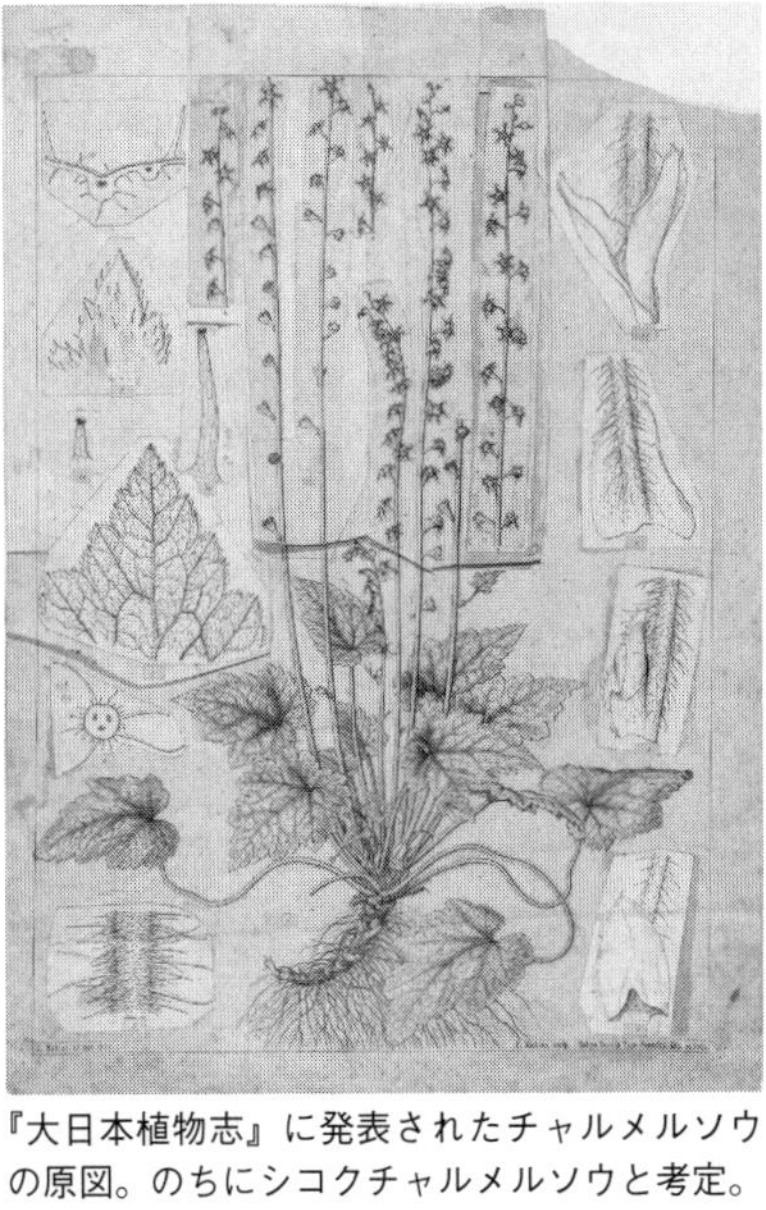

『大日本植物志』に発表されたチャルメルソウの原図。のちにシコクチャルメルソウと考定。

多様性の解明を究める

生き物である生物《せいぶつ》を研究する生物学には、大きく分けて2つの潮流がある。ひとつは生命現象や生物すべてに共通するしくみや営みを解き明かし、〝生物とは？〟あるいは〝そのしくみとは何ぞや？〟という問いに答えようとするもの。もうひとつは多様な生物を克明に分析し、体系的な分類さらには地理的な分布を調べ、最終的には多様な生物の相互関係や進化の道筋を探ろうとするものである。

前者は広く植物に共通する「普遍性」を、後者はひとくちに植物といっても多岐にわたる「多様性」の解明を目指すものだといってもいい。また前者は、物理学や化学など他の自然科学分野と方法論上の違いも少なく、それらと共通の土俵において研究が発展した。やがて大学など高等教育研究での一大潮流となり今日に至る。

富太郎の植物への関心は後者、すなわち「多様性の解明」であり、その源流は本草学にあった。本草学とは当初、薬の本《もと》になる草とその用途についての研究だったが、中国からこの学問を移入した江戸期に守備範囲が大きく広がり、植物や動物の多様性を追究する「博物学」の萌芽母体にもなった。

本草学を学ぶ者は多岐にわたった。江戸と名古屋を中心に、薬効にこだわることなく植物を、さらには自然を愛好する大名や武士、町人などが、身分の上下に関係なく本草家の周囲に集った。今の言葉でいえば、多くの「博物愛好家」たちが日本各地で植物や動物を実地で調べ、その多様さの解明に大きな貢献を為したのだ。ゆえに日本では、学術分野として本質的に異なる本草学と植物学の境界が曖昧になった。江戸時代後期、薬草に関心を抱く本草家の多くは、手にした植物が薬になるかならないかだけでなく、近似する種との区別や類似性といった分類学の領域にも自ずと関心を広げていった。富太郎自身もそのひとり、つまり本草学に興味を持ち続けていた植物学者といえるだろう。

精神の融合としての画作

今からおよそ2300年も前のギリシアにテオフラストスという哲学者がいた。この哲人は、「すべての学問は、筋道の通った言葉（ロゴス）で追求すべきである。絵に描くことなどは知恵の軟弱者のやることだ」と述べている。今日からすれば、たぶんに見当違いの言説だが、テオフラストスにそう言わしめたのは、絵画の技術、とくに写生術の未熟さによるところが大きかったと思われる。つまり、目に映るものを見た通りに描くのはそれほどまでむずかしいということだ。

その意味で、〝薬物誌〟の古代からの変遷は写生術の発展の歴史でもある。そもそも薬物誌は人の生き死にを左右した。薬物誌には、誰もが恐れた致死の難病治療の薬物とその効果が解説され、さらに植物の図解も載っていた。しかし、その図絵をもとに薬草を探し当てることは、ほとんど不可能だった。描かれた植物の図が、実物とはほど遠いものであったからである。

その後、薬草の研究者らもより一層実物に肉薄した植物画を描く努力を続け、16世紀にはようやく写実性の高い薬草の画が生み出されるに至った。こうした描画力の向上もあって、古代ギリシアの哲学者の言に抗い、絵画は文字をもってするよりも容易に植物の特性を伝えられる手段であることが次第に広く認められるようになった。まさに「百聞は一見に如かず」である。

富太郎は、野外で目にする生きた植物に関心を抱く一方で、紙幅に描かれた植物、すなわち「植物画」にも強く惹かれていた。高知で過ごした幼年期、野外で未知の植物に出会うたびに、正確に写して「それが何という植物か」を調べてきた。描くにあたっては、ヨーロッパで始まり今日まで長い伝統を有する、植物画（ボタニカルアート）のスタイルに則って筆を進めた。そう、彼の植物画のキャリアはたった独り野山で過ごしていた頃にまで遡るのである。

もちろん富太郎だって初めから上手だったわけではない。例えば、彼が19歳の時に描いたキョウチクトウの花の画があるが、植物図解としてはまだまだ未熟さを残した作品である。キョウチクトウの花は、花冠の下半分ほどが合着して筒状になり、上方は5つの裂片に分かれている。しかし富太郎の植物画では、どこまでが筒状か、裂片がどんなかたちをしているかは正確にはわからない。

翌年、20歳の時に描いたウメバチソウでは、葉のかたちは正確に描かれているものの、全形図からは花弁のかたちがわかるまでには至っていない。そのため全形図に添えるかたちで、花弁のかたちがわかる図をはじめ他の部位を描いた付図を余白に加えている。横断面で花のつくりを示す花式図も描かれている。これらは前述したマキシモヴィッチの図解を参考にしていると思われ、その後の富太郎の植物画を特徴づける原形になったといえる。

こうして彼の植物画は年々熟達していった。そこに窺われるのは、科学的精神と芸術的精神の融合である。曖昧さを許さない精密さばかりでなく、描こうとする個体が分類される種の標準的な個体かどうかまで徹底的に吟味しているのだ。まさに彼の植物画には、富太郎の植物への探求心がいかんなく発揮されているのである。

画作スタイルの構築

執筆した論文にも、自身の筆による植物画が数多く載せられた。学術雑誌に掲載された論文とは別に、自作の図解からなる植物図集の著作群も、「植物学者・牧野富太郎」の重要な功績だ。「三大図譜」といわれる最初のものは、『日本植物志図篇』。第1巻は第1集から第11集で成り、明治21（1888）年から24（1891）年にかけて東京の敬業社から刊行された。続いて明治32（1899）年から『新撰日本植物図説』の刊行が始まり、次年の明治33（1900）年からは『大日本植物志』が東京帝国大学理科大学植物学教室編纂として出版された。『大日本植物志』の一部を除き、これら図譜の原図はいずれも富太郎自身の植物画で構成されている。

植物画のスタイルを見てみよう。富太郎のものといってよい特色が具わるのは、明治20（1887）年頃から制作された数多くの作品からである。これらは、明治21年から刊行が始まった『日本植物志図篇』に掲載するための画作だった。石版技術を自ら学び、製版までの作業を富太郎自身が行ったとされる。描かれた数多くの植物にはスタイルに共通する点が多く、それを見て「何の花か」に迷うような作品はほとんどない。サルメンエビネ（第1巻第3集）、エビネ（第1巻第3集）、コクラン（第1巻第8集）などは多少乱雑さが残り、逆に洗練はされているものの力に欠けるノジギク（第1巻第8集）などに試練の跡が見られるくらいである。描画のために選ばれた植物のいずれもが、その種の典型的な個体であることがよく吟味されており、一点一点の画作にかける労力、完成まで続く緊張に堪える精神力が漲っている。構図や描画のリアリティに優れているだけでなく、立体感を増すための陰影や補助線の使用にも細心の工夫が払われているのだ。

後年の名著である『牧野日本植物図鑑』には3000点を超える、富太郎のみならず多くの画家による作品が載っている。富太郎とも密接な連携を保ち精力的に画作に励んだのは、主に山田壽雄《としお》、水島南平《なんぺい》、木本幸之助だった。また、初版以降の増補版などには、洋画にも優れた加藤襄二《じょうじ》、自身もサクラ類を中心に分類学の論文を書く川崎哲也、林（旧姓・山岸）新緑らがさらに参加した。

日本で用いられる「ボタニカルアート」という言葉は、近年になり英語の母国であるイギリスでも、〝正確さを保ちつつ鑑賞に堪えるように描かれた植物画〟を指すものとして使われている。しかし富太郎はそのようなボタニカルアートではなく、実際の植物を植物学的にも正確に、また見た目にも整然と図解化することを目指した。そのため植物の全形図だけでなく、多くの付図を余白部分に描いた。類似種から区別する上で特徴となる葉や花、果実の一部分を拡大して詳細に図解するこのスタイルは、マキシモヴィッチの植物画から学んだものである。

画作以前の植物愛

「絵空事」とは絵描きが実際にはないことを想像で絵に描くことから、実際以上に大げさなことや作り話やうそを指す。植物画を描くに当たって、これは禁則である。いうまでもなく富太郎もこの原則に則り、画作には曖昧さを持ち込まないように徹底した。とくに注意したのは、〝画作以前〟の以下の3つである。多様性の解明とは、いわば植物への愛情に他ならないことを富太郎は教えてくれている。

〔典型または標準的な個体を選ぶ〕

第一に、個体の選択だ。描画のために選んだ個体が、その種の典型あるいは標準的なものであるかを十分に吟味することが必要だ。とくに重要なことは、特別の場合を除き、花や果実を欠く個体は描かないことである。それらの器官にそれぞれの種の特徴が凝縮されているからである。

〔季節を変えて観察する〕

第二に、季節ごとに観察すること。とくに、葉が開いた直後の時期、開花の時期、結実の時期、落葉の時期は注意する。例えば、ヤナギの仲間は雌花と雄花が別の株にあり、しかも開花時期には葉がまったく開いていないため、描こうとする雌花と雄花が同種のものかどうかは判断がむずかしい。そのため、花を描いた株にあらかじめ印をつけておき、結実の季節には同種の雌株・雄株かどうかを確かめた上で、葉や果実を描くことが必要になる。

[活かしながら観察する]

第三に、植物を活かすこと。十分に観察するには少しでも長くその植物を活かすことが欠かせない。不明点を減らして正確さを期すためにはそれなりの時間がかかるのはいうまでもない。しかしながらビニール袋も保冷剤もなかった時代であり、富太郎は独自に「活かし箱」なるものを考案する。花などを長持ちさせるための密閉性の高いガラス張りの箱である。採集した植物をいったんその中に入れて萎れや折れ曲がりなどを直し、その上でメモを取りながら観察したのである。まさに時間との闘いだった。

画作における独自の技術

いよいよ描画に入る段階だ。富太郎が植物画を描くために用いた道具と印刷について、簡潔に紹介しよう。

[描写]

描写には鉛筆と筆を使う。鉛筆は外国産のものを、筆は自分で調整して用途に合わせ使用する。とくに細い線を描く時は、京都のある有名な店で売られている根朱筆《ねじふで》などの蒔絵筆《まきえ》を愛用した。用紙は主にケント紙を用いた。

[印刷]

富太郎は印刷にも十全を期した。原図がどんなに見事でも、印刷技術が低ければ図版はいっぺんに台無しになってしまう。そのため当時の精密印刷の主流だった石版印刷に習熟しようと、富太郎は東京・神田の石版印刷屋である太田義二の工場に1年ほど通い、版下を作る技術を実際に学んだ。とくに『日本植物志図篇』では、石版印刷機を購入し、佐川の実家で刷ったものを製本した。印刷技術を実際に身につけたことで、完成前の試し刷りを克明に校正することも可能になった。富太郎が完璧な図版を仕上げられるようになったのはそれ以後であり、印刷技術の習得はのちのちまで原画作成や校正作業の大いなる支えとなった。

完成度の高い植物画

実際に富太郎の植物画を見てみたい。

『大日本植物志』第1巻の第1集から第3集（1900〜06年）に描かれたヤマザクラを含む、アズマシロカネソウ、チャルメルソウ、セイシカ、ヒガンバナ、ボウランは、いずれも完成度の高い植物図として世界的にも高い評価を受けた。事実、それらは富太郎の植物画の到達点を示すものだといってよい。

ところで第4集に掲載されたモクレイシとオオヤマザクラは山田壽雄画伯との共作だった。絵画としては整い、また植物学的に正確ではないとはいえない。しかし、作品には繊細さに欠けるところがある。さらにお互いに遠慮が働いたせいか、作品は個性に欠

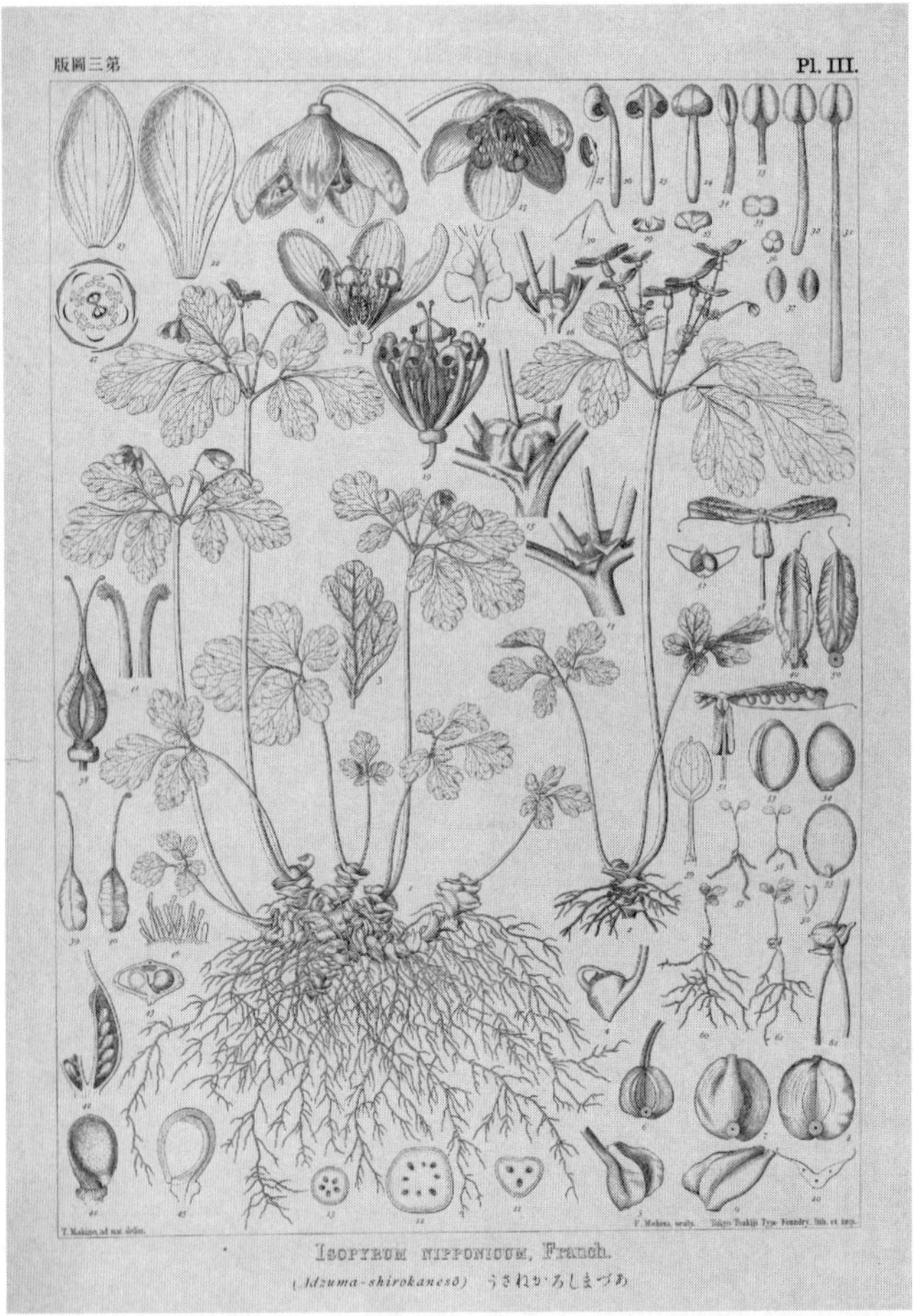

アズマシロカネソウ（キンポウゲ科）。『大日本植物志』第１巻第１集第３図版。／高知県立牧野植物園提供

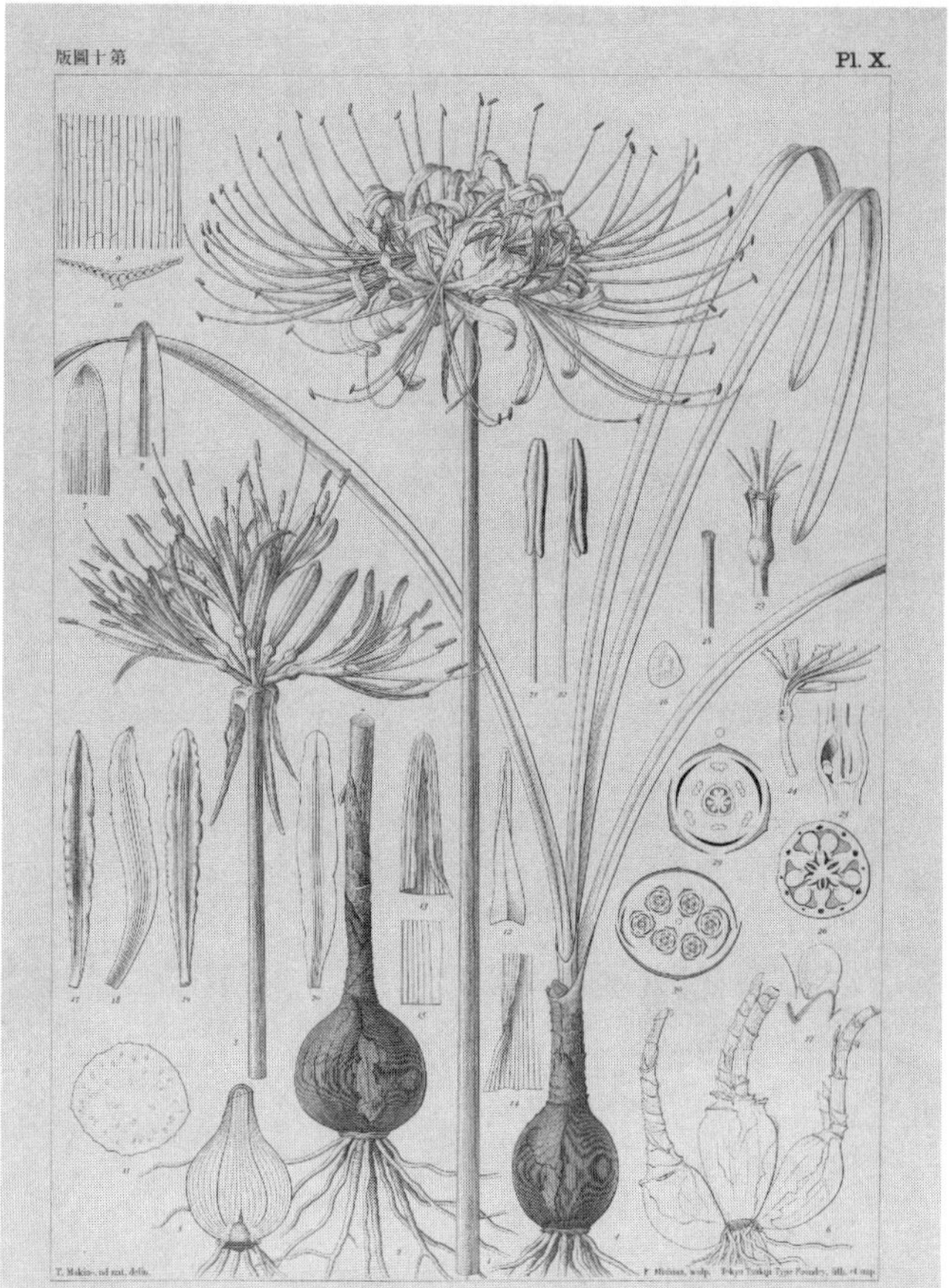

ヒガンバナ（ヒガンバナ科）。『大日本植物志』第１巻第３集第10図版。
解剖図や拡大図の完成度が高い。／高知県立牧野植物園提供

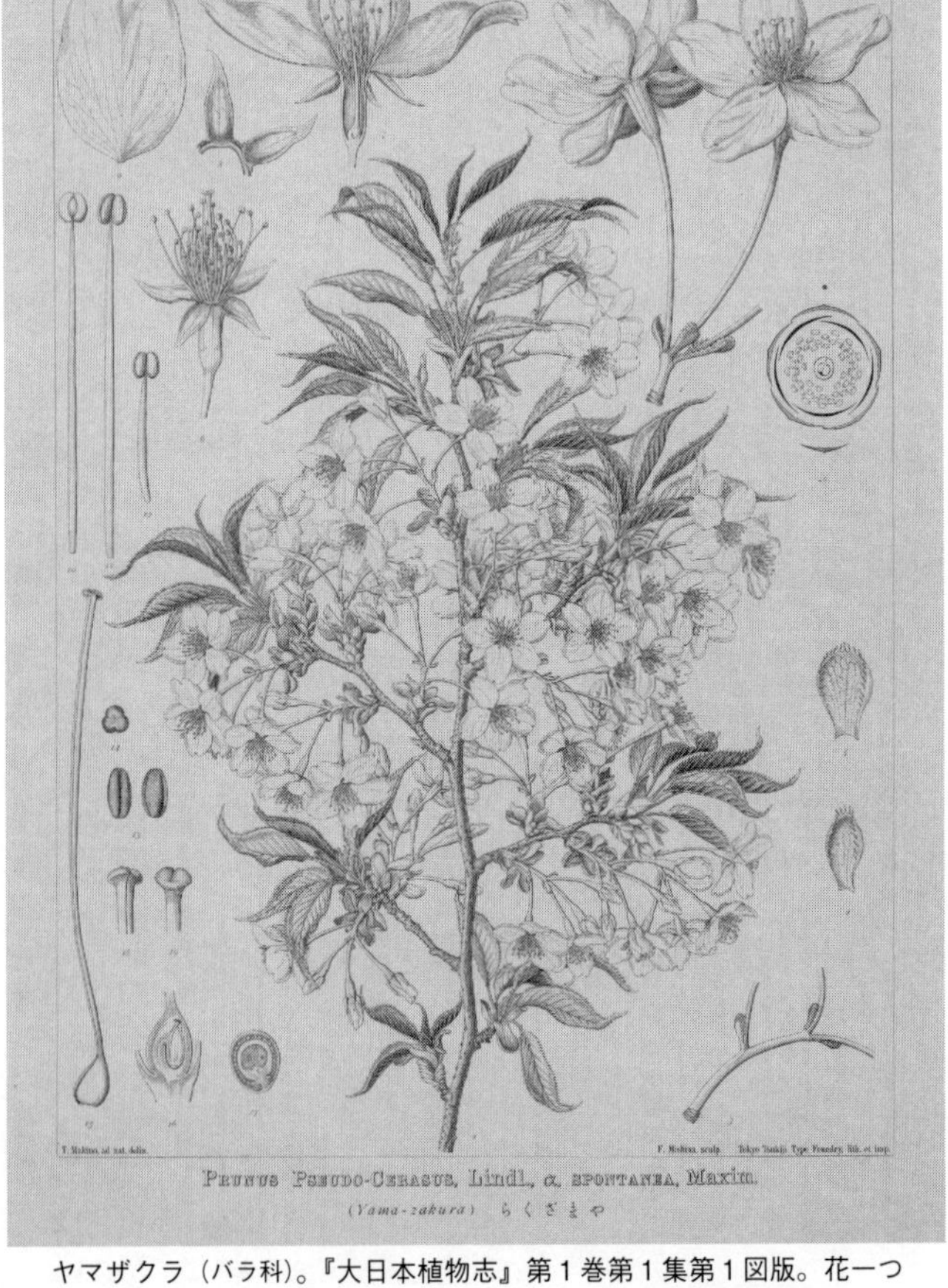

ヤマザクラ（バラ科）。『大日本植物志』第１巻第１集第１図版。花一つひとつの向きまで正確に描かれている。／高知県立牧野植物園提供

オオヤマザクラ（バラ科）。『大日本植物志』第１巻第４集第15図版。／高知県立牧野植物園提供

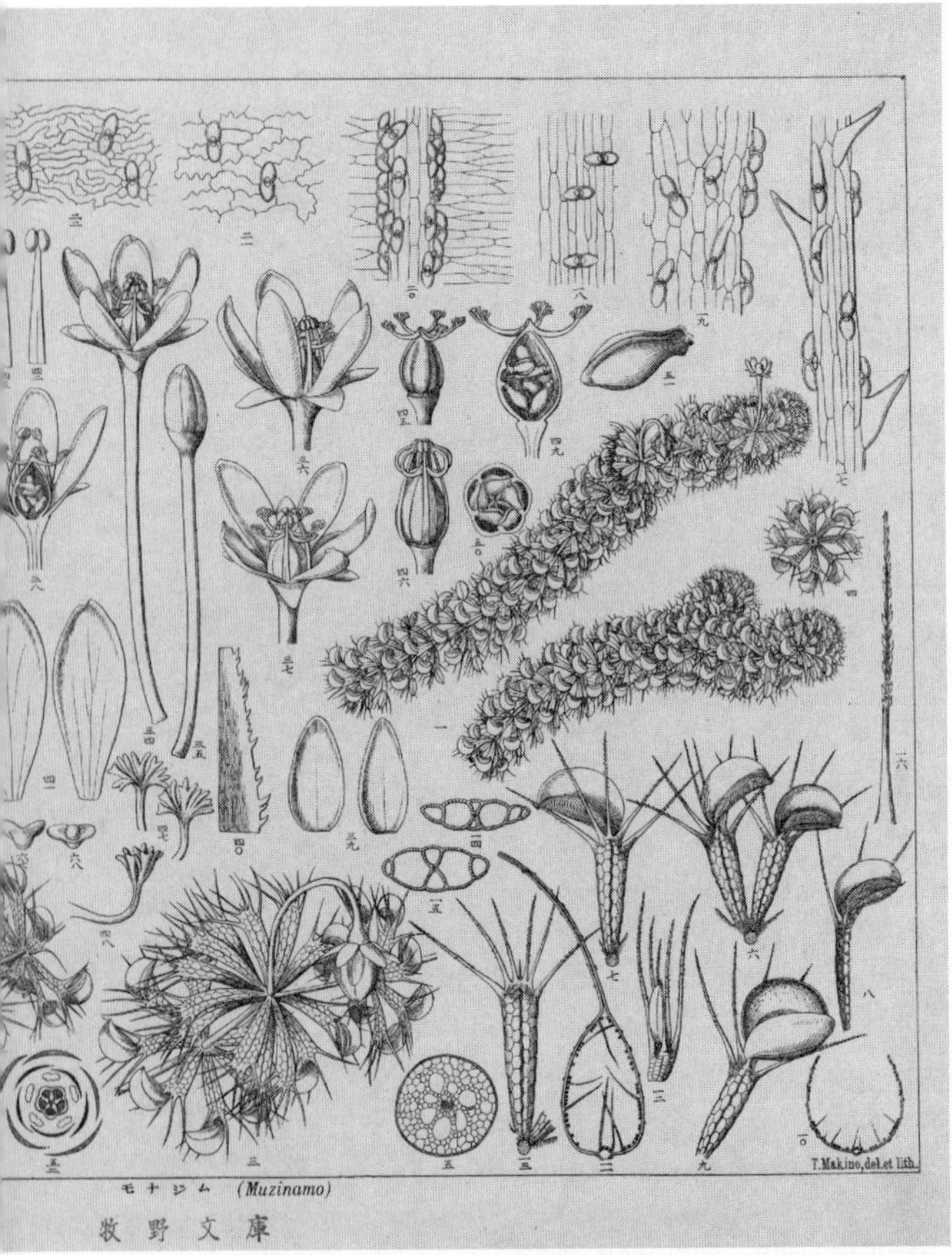

ムジナモ（モウセンゴケ科）。『日本植物志図篇』第１巻第12集第70図版（未刊行）。／高知県立牧野植物園提供

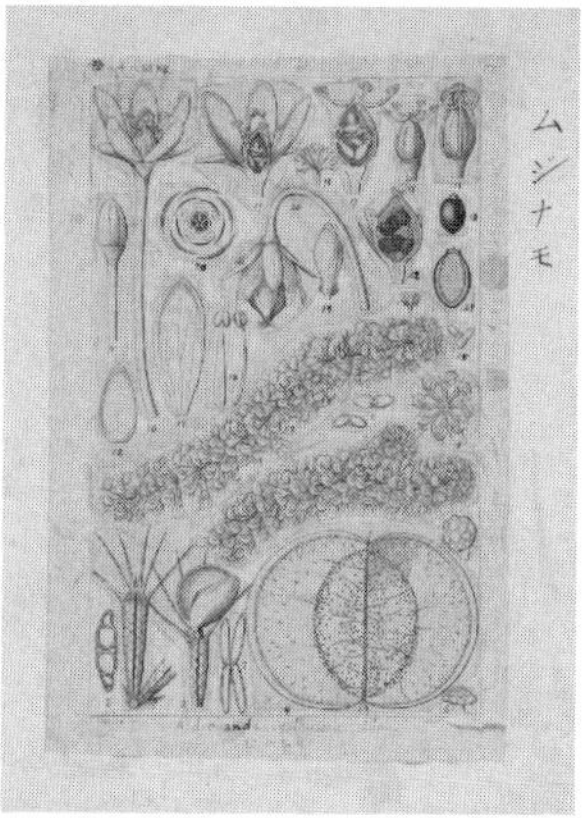

ムジナモ（モウセンゴケ科）。『新撰日本植物図説』第１巻第８集第38図版原図。／高知県立牧野植物園提供

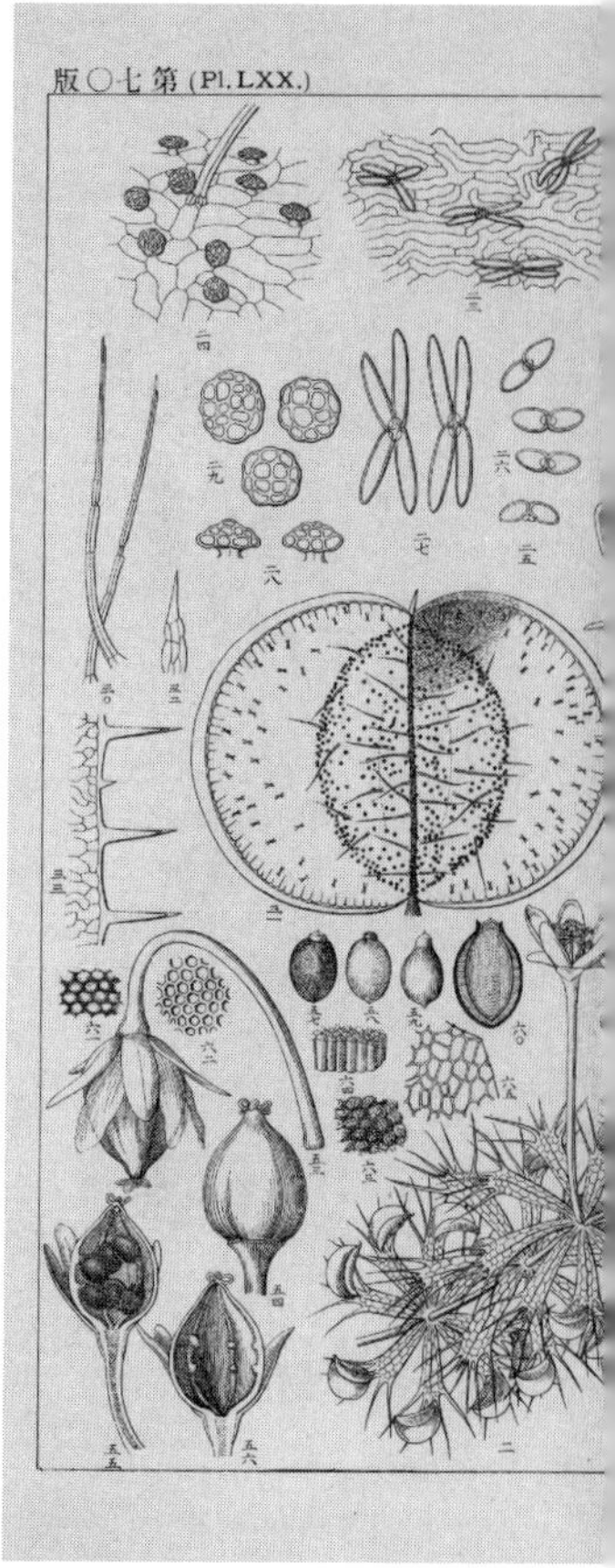

け、主張にも迫力がない。失敗作といってよいだろう。

植物画は、描画のための技術力はもちろん重要だが、単なる技術だけではカバーしきれない要諦があることを、このオオヤマザクラの作品は教えてくれている。富太郎もそれ以降、植物画を合作で描くことは試みなくなったようだ。

サクラを描き、サクラで埋めよ

「敷島の大和心を人問はば朝日に匂ふ山桜花」と本居宣長が江戸の世に詠んだように、ヤマザクラは古くから多くの人に愛されてきた。日本ではサクラを知らない人はいないといっても過言ではない。本居宣長のような詩心はなくとも、サクラに心惹かれる人は多い。日本にはヤマザクラを含めて、およそ10種ほどのサクラの仲間の樹木が野生している。その多くが落葉樹林中に生え、葉が開く前に花が開き、人目を惹くばかりでなく春の訪れを告げる木となっている。

もちろん富太郎も春にはサクラが花開くのを楽しみにしていた。出身地、高知県には、山々の中腹に広がる樹林中に点々と生えるヤマザクラ、山裾を中心にヤマザクラより1、2週間早く咲き始めるエドヒガン、という2種のサクラが野生している。

とくにヤマザクラは見栄えもする立派なサクラで、富太郎は明治33（1900）年に東京大学が発行した『大日本植物志』第1巻第1集の第1・2図版に、丹精込めてヤマザクラの花と果実の季節の様態を描いた。それは数多くの拡大図や解剖図を伴った植物画だった。とくに4本以上の小枝で、葉腋から伸びた花序に咲く、合計で50余の花をいずれも自然態に描いている。葉が開き切る前のヤマザクラは、開花も開葉もまさに眼前で進むといってもいいくらい、開き具合は刻々と変化していく。スケッチの最中は寝ている暇もないくらい時間に追われる。

同じ『大日本植物志』の明治44（1911）年に刊行された第4集第15図版には、先に触れたように、富太郎の『牧野日本植物図鑑』に主な画作者として携った、山田壽雄画伯との合作による、一部彩色されたオオヤマザクラを載せた。この種はヤマザクラと異なり、花はすべて傘の骨のように1か所から出る。ヤマザクラが分布しない東北地方中・北部から北海道、さらにサハリンなど、北方に分布する。角館（秋田県）の有名な樺細工は、光沢が美しいオオヤマザクラやカスミザクラの樹皮を利用して作られる。

富太郎が出身地の佐川で発見した、種子の発芽後2、3年で高さ2〜3メートルになり、花を開く、ワカキノサクラと呼ばれるサクラがある。富太郎はこのサクラを研究し、それがヤマザクラの幼形開花型であることを突き止めた。

サクラは富太郎がとくに愛着を感じる植物のひとつで、なかでも樹冠一面が花に被われるような豪華なサクラ、ソメイヨシノが好きだと述べている。江戸の染井村の植木屋が広めたこの人工のサクラが、地元の佐川では植栽されていないことを寂しく思った富太郎は、明治35（1902）年にその苗木を購入し、佐川と高知市の五台山に植えるように送った。富太郎はまた、大正8（1919）年に北海道産のオオヤマザクラの苗木100本を上野公園に寄付した。『大日本植物志』に描いたサクラである。花の季節が近づくと富太郎は、佐川でもソメイヨシノが咲き、地元の人々が樹下でお花見をする様相を想像するのを楽しんだといわれている。

昭和19（1944）年に刊行された牧野富太郎著『続植物記』には、「東京全市を桜の花で埋めよ」と題した随筆が収められている。一部分を引用して本章の締めとしたい。

東京の都はどうしても桜の花で埋めにゃいかん。春に花の咲いた時は市内どこへ行ってみても盛んに花が咲いているようにせにゃならん。つまり花の雲で東京を埋めりゃよい。これからは自動車を走らせて花見をすることも流行《はや》るであろうし、また飛行機で上から瞰下《みお》ろして花見と洒落《しゃれ》る人もあろう。さてこの飛行機で瞰下ろした時、下界は一面漠々たる花の雲で埋まり、家といえば高いビルヂングの頂とか議事堂の塔尖とか浅草観音の屋根とか、そんな高い建物の巓《いただき》こすが花の雲の中に突き立って見える程度に花が咲かねばウソである。（『花物語――［続］植物記』ちくま学芸文庫／2010年）

第5章　植物愛が結実した出会い

75歳の富太郎。自身で改案した胴乱を携え長野・霧ヶ峰にて。／高知県立牧野植物園提供

植物の愛好家たちとの交流

「これは何の花ですか?」

「この花は何という名前?」

今でもこんなふうに、学校周辺で目にする植物の名前を先生に尋ねる小学生や中学生は少なくない。しかし、理科や生物科目の先生といえども、植物学を専門に学んだとは限らない。ましてや赴任先それぞれの土地特有の植物に関する質問に答えられる教師がどれほどいることだろう。さらには都市だけでなく郊外でも樹林や草地、湿地などが減り始め、群生していた野草が次第に姿を消してゆくようになった。皮肉にも、それに反比例するかのように、植物に関心や愛着を抱く人たちが都市部を中心に増えてきた。こうした人々に交わり指導することで、植物の愛好者をさらに広げていこうと富太郎が考えたのも自然のなりゆきだったろう。

年を重ねるごとに、富太郎は研究成果の発表だけでなく、全国の植物愛好家や学校教育に携わる先生方と交流する機会が増えていった。彼らが中心になって生まれた各地の同好会では、野外での植物観察や採集を富太郎自らが指導し、多くの人々と植物を通して交流を深めていったのである。

明治41（1908）年、富太郎は46歳をむかえた。この年の8月に、長崎県での植物夏期講習会に招かれ講演をしている。さらに翌9月の5日まで、熊本県球磨郡教育委員会と九州博物学会が共同で主催した（熊本県）白髪岳・市房山方面の植物観察と採集の会にも講師として参加した。

そうした会の前日、観察・採集上の注意点や採集方法、標本作製法について説明しながら、「自然界にはまだまだ知られていない植物が、いかにたくさんあるか」について、富太郎は参加した多くの人々に気付かせた。「この植物は何です?」と問われ、「はい、モチノキです」と教えるやり方では、いつまで経っても植物の名前は覚えられない。そうではなく例えば、「葉が厚く、縁がデコボコせずに滑らかだ」というように、何かひとつでもふたつでも特徴を知ることで、その植物名が覚えられることがある。富太郎はそこに目を付け、〝鍵〟となる短い一文を盛り込んだ図鑑を作れないかと考えた。その結実といえるのが、晩年の昭和15（1940）年に誕生した『牧野日本植物図鑑』なのである。

こうした採集会が全国規模で広がり始めたのは、単に植物愛好熱の高まりだけではなく、別の理由もあった。それは、植物についての知識を必要とする組織や制度の存在である。当時の教育制度（とくに文部省によって行われた教員検定試験）も、社会的な植物熱を生む大きな要因のひとつとなったのではないかと推測できる。

「文検」が後押しした普及

明治維新を達成した日本は「教育の重要性」を痛感し、維新後すぐに教育の制度設計にも着手している。それに伴い小学校教育に携わる初等教育者を養成する師範学校が全国に設置されたが、同時に試験あるいは認定によって免許状を与える検定試験制度も設けられた。

明治19（1886）年の改革で、中学校の教育科目に動物及び生理、植物、鉱物について学習する「博物」が設けられた。しかし、この新たに設けられた科目を教えられる先生の絶対数は不足していた。そこで文部省は、検定試験によって教員免許を取得できる制度を設けた。通称「文検」である。制定から廃止に至るまで81回実施された文検により、多くの博物の先生が誕生した。受験者の中心となったのは、当初は中学校の「博物」教員免許を目指す初等（小学校）の教員だった。しかし後期になると、文検は小学校教員の自己研修の機会ととらえられ、毎年数千人もの受験者があった。

文検の合格者は、学科により差はあるものの、平均的な合格率は10％前後と見られていて、日本各地の植物調査に尽力した教師陣にも文検による合格者が少なくなかった。彼らは、各地に誕生した植物など博物の同好会を主導し、彼らの指導を受けた先生らが今日に続く地域の絶滅危惧種などの調査活動において重要な役割を果たしている。

富太郎は当時、日本の植物研究は、まだまだ初歩的な段階にあると見ていた。さらに研究を進めるためには、大学や博物館などに所属する専門家だけでは心許ないことも感じていた。それゆえ植物についての基礎知識もあり、野外調査への参加も可能な小・中学校の先生をその推進者として大いに期待した。植物の知識を国内に広く行き渡らせる役目を担える人材は彼らをおいて他にない――こうした使命感をもって、富太郎は採集会や講演会への参加を積極的に続けたのである。

横浜植物会の発足

明治42（1909）年、神奈川県の中学校教師だった松野重太郎が幹事となり、富太郎を教師とした「横浜植物会」が創設された。植物の知識を広く求め、草木を愛好する人たちを会員とする組織である。さらに明治44（1911）年には、東京にも同様に「東京植物同好会」が創立された。富太郎はその会長となり、野外観察などに同行し指導を引き受けた。その後、このような同好会が他の地域にも設立され、機関誌の発行や当時は「採集会」と呼ばれた野外観察と採集の会がさかんに行われるようになった。

当時の採集会を撮影した写真（次ページ）を見ると、あたかも今日の園遊会のように装った人々が参加している。講師を取り囲み説明を熱心に聴く一群ばかりでなく、集団からはやや離れて無心に植物採集する人たちの姿も見受けられる。山野の活動であるにもかかわらず、多くは帽子を被《かぶ》りネクタイを結ぶなど、整った服装をしている。また和装の女性もいる。今日の軽装での山野スタイルと比べると隔世の感がある。振る舞いだけでなく服装でも自分が属する階層を意識しながら暮らしていたのだろう、植物採集会の参加者がエリート層である学校の先生などであったことを思えば、当時の世相も見えてくるといってよい。教師は富太郎である。世は移り、彼は新たな教場を師として得ていたので

1920年代の採集会の様子。右から３人目が牧野富太郎。東京・杉並区旧和田堀内村大宮八幡社付近にて。「植物研究雑誌」第３巻（1926年刊）より。／著者提供

ある。こうして翌明治45（1912）年、富太郎は東京帝国大学理科大学の講師となる。

何百人もの生徒を得る植物博士

大学の職制では、助手は教授を多面的に補佐することが主要な任務である。しかし東京帝国大学では、教授の方針に従って研究を推進することが助手の主な務めであり、講義は行わないものとされていた。50歳となる富太郎は大学講師になり、それまでの助手という身分と異なり、教室で慣習化していた講義を担当するはずだった。がしかし、富太郎は従来と変わらず植物研究と論文発表に多くの時間を費やし、実際には講義や実習は担当しなかったようだ。ここでもマイペースな富太郎の独り歩きが窺える。

分類学実験及び野外実習の一部を担当するようになったのは、59歳になった大正10（1921）年頃からである。幸いにして、大正11（1922）年に入学した木村有香《ありか》（のちに東北大学教授となる）以降、分類学を専攻する学生が続いた。昭和6（1931）年入学の原寛《ひろし》東京大学名誉教授が、

「牧野先生はいつも時間割上の時刻をとっくに過ぎた夕刻に教場にやってきて、授業そのものもさることながら、まず学生にコーヒーを振る舞い、雑談風に始まった講義の光景を、何度も楽しく思い出す」

と、植物学を学ぶ親しい知人に話されていたのを筆者も覚えている。植物分類学を専攻したほとんどの学生に富太郎は尊敬されていたといえるだろう。

学生らは研究上での協力もした。後年、『牧野日本植物図鑑』刊行時には、かつて富太郎が教えた植物分類学を専攻した学生だった前川文夫、原寛、津山尚《たかし》などの多くが下原稿の作成や図の校正などを手伝った。

マイペースでありながらも、いやマイペースであるからこそ、大学での職務においても富太郎はそれなりの成果を挙げていたのだろう。誰の心にも深く印象を残す彼の資質は、後年地方における実地の野外観察会などでもいかんなく発揮されていく。『自叙伝』の「全国の植物採集会に招かる」という文章には、次のような記述がある。

私は日本全国各地の植物採集会に招かれて出席し、地方の同好者、学校の先生などに植物の名を教え、また標品に名を附してあげたりした。私の指導した先生だけでも何百人という筈だと思う。

だから、文部省はこの点で私を大いに表彰せねばいけんと思う。(『牧野富太郎自叙伝』講談社学術文庫／2004年)

真顔から破顔へ。茶目っ気に満ちた植物学者の眼光がこんな一文にも残されている。

『植物学講義』発刊

大正2(1913)年、大日本博物学会が企画した全12巻からなる『植物学講義』が、東京・神田区錦町にあった中興館から出版された。著者である富太郎は、植物採集会などに集う一般の人たちを念頭においてこの講義録を出版したという。結果として第8巻以降は未刊に終わったものの、本書の刊行以来、富太郎が各地の講演会などに講師として招かれる機会は一層増えた。『植物学講義』は富太郎が単なる物知りの植物好きではなく、講師にふさわしい東京大学の学者としての箔付けに一層役立ったように思われる。

とくに夏期講習会のような集まりでは、植物に関心を持つ地元の学校の先生や愛好家の人たちと一緒に山野を歩き、実際に目の前の草木を観察しながら富太郎の知識を参加者に話し伝えるのである。参加する者にとっても、本の著者である「先生」との山歩きは楽しかったことだろう。それは、富太郎自身が幼少期に永沼先生との植物採集で感じた喜びと同じだったかもしれない。まさしく天然の教場こそが富太郎の生きる場所だった。

思索を深める出会いもあった。同年夏に、ドイツはベルリンの植物学者エングラー博士が来日する。世界で汎用されていた分類体系を著した著名な学者である。富太郎は博士に面会し、白井光太郎らと共に彼を日光に案内した。

日本には、オサバグサやシラネアオイ、レンゲショウマ、トガクシショウマ、コウヤマキなど、他国には分布しない固有の植物が数多くある。そのためこれらの研究を目的として来日を望む欧米の植物学者は少なくなかったのだが、当時は航空網が十分に発達していなかったこともあり、遠く離れた日本に来訪する植物学者はかなり限られていた。そのためエングラー博士の来日は、富太郎らにとってかなり貴重な体験だった。異国の研究者と直に対面して野外観察することで、富太郎は大いに感化されたにちがいない。

日本は植物学が西欧より導入されてからまだ日が浅い。エングラー博士の植物との接し方、観察の仕方や着眼点などを目の当たりにした富太郎は、50歳を過ぎてまだまだ学ぶことが山ほどあることを知る。その昔、永沼先生との野外観察で、自分の目が植物のうわべしか見ていないことを痛いほど思い知らされてからはや40年近くが過ぎている。その状態が今もさほど変わっていないことを痛切に感じ、目指す山の頂の遠さを思い知るばかりだった。富太郎は、著作の執筆にさらに邁進することになる。

『植物研究雑誌』創刊

大正5（1916）年4月、富太郎は月刊誌『植物研究雑誌』を創刊し、その主筆ならびに編集者兼発行者になった。発行所は、東京・本郷区森川町30番地を所在地にする植物研究雑誌社だった。

当時の富太郎は同じ区内の森川町1番地橋下464に住んでいた。富太郎がこの雑誌の主要な購読者に想定したのは、専門家に加え、高度な植物知や観察眼を有するセミプロあるいはアマチュアと称される植物研究家、各種学校の教員、ならびに教員としての採用やスキルアップを目指す人たちだった。専門家に限らず一般の愛好者たちを対象にすることで、植物についての幅広い啓蒙をも意図したものだったといえるだろう。

毎号、号頭には当代を中心に植物学者や雑誌の支援者などを紹介する肖像写真、それにめずらしい、もしくは話題になった植物の写真を掲げた。第1巻第1号から友人の久内清孝（後述）らの執筆した記事も載せた。

幸いなことに、文検制度が廃止されてからも『植物研究雑誌』の発行は続いた。平成28（2016）年に創刊から100年以上となり、今や日本を代表する植物学分野の学術誌に成長を遂げている。その長い歴史のなかで、富太郎が主筆であったのは第8巻第9・10号（通巻第80号）までである。この間、富太郎の恩師といってよい永沼小一郎や

「世界的植物學者　牧野富太郎氏」と付された写真と共に。東京朝日新聞（朝刊／1916年12月16日付）

郷土の吉永虎馬、それに松村教授をはじめ、中井猛之《たけの》進《しん》、本田正次、木村有香らの教授陣が論文を投稿し、この雑誌を支えた。また資金面でも、池長孟《はじめ》、中村春二《はるじ》、津村重舎《じゅうしゃ》の各氏から支援を得ることができた。

　池長孟については特筆しなければいけない。彼は、神戸の素封家でありコレクターである。『植物研究雑誌』創刊の大正5年の年末、新聞に富太郎の窮状を訴える「不遇の學者牧野氏」という記事が出るのだが、「植物標本十萬點を賣《う》らん」、「生命を賭して蒐集した珍品を手放さねばならぬ學者の心事」と題され、「今年五十四歳の同氏は『是から眞實の研究をやつて見たい』と言つて居るが何んとか此の不遇の學者を救ふ途《みち》はないものか」と結ばれたこの記事を知り、当時20代の池長は援助を申し出たのだった。大正7（1918）年には、神戸に「池長植物研究所」が開かれる。後年、富太郎は『自叙伝』で次のように振り返っている。

池長氏はこの時京都帝大法科の学生だという事であったが、新聞社で相談をしてくれた結果、この池長氏の好意を受ける事になって、池長氏は私のために二万円だか三万円だかを投出して私の危急を救うて下された。永い間のことであり私の借金もこんな大金になっていたのである。その上毎月の生活費を支持しなくては、また借金が出来るばかりだからというので、池長氏は以後私のためにそれを月々償って下される事になった。

この時分池長氏のお父様は既に亡くなっていられたが、この方は大変教育に熱心な人でそのための建物が神戸の会下山《えげやま》公園の登り口に建ててあった。そこへ私の大正五年までの標品を持って行って、ここに池長植物研究所というのをこしらえた。今でも私はここへ毎月行って面倒を見る事になってはいるが、いろいろの事情があって今は

池長氏からの援助は途切れ途切れになっている。然しとにかく縁はつながっているのである。（「池長植物研究所」／同前）

久内清孝がもたらした文化人の集い

東京帝国大学講師時代には、終生の友との出会いもあった。富太郎より22歳年下の、久内清孝である。

久内は明治17（1884）年に静岡県で生まれた。明治29（1896）年に東京の私立麻布中学校にいったん入学した後に、私立横浜英語学校に入り、卒業後に神奈川県下の学校で英語教師になり、さらに大阪商船に船客係として勤務していたようである。その期間だったのか、大正10（1921）年に神戸の池長植物研究所に富太郎を訪ねた。

久内は、先述の横浜植物会に入会した。発起人のような立場ではなかったが、会を通じて富太郎と親しく接し、採集会などでは彼の補佐を務めた。また、富太郎が会長となる東京植物同好会にも入会し、ここでも側面からサポートした。

久内は植物だけでなく昆虫や貝類にも造詣が深く、植物を趣味にする文化人の相談役としての役割も果たした。好奇心溢れる知識人だったのだ。富太郎とも昵懇《じっこん》の間柄だった東京大学医学部の朝比奈泰彦教授は、同じ医学部教授で『百花譜』の著者である詩人の木下杢太郎《もくたろう》（本名・太田正雄）に久内を紹介した。杢太郎は作品「すかんぽ」に久内の名を記し、友好を語り、また植物の同定を助けられたことを記している。こうして富太郎が関与した横浜や東京の植物愛好会が、単なる植物好きの集まりを超えて、植物文化に関心を抱く〝文化人の集い〟になったのも、久内の力が貢献している。富太郎の大正の爛熟期は、植物愛を介した出会いの実りの時期でもあった。

第6章　植物と心中する博士

1937年丑年の年賀状。右上のウシノヒタイ（ミゾソバ）と左上のウシノツノ（サカキカズラ）がいかにも彼らしい。

父母におわびのよいみやげ

昭和2（1927）年、富太郎は学位を請求する論文を東京大学に提出する。審査の結果、同年4月16日に理学博士の学位を授与された。65歳目前であり、ハスの研究で名高い大賀一郎博士と同日でのことだった。富太郎の論文審査に主に当たったのは、当時の教授、柴田桂太《けいた》と早田文藏《ぶんぞう》である。

当時の日本では「末《すえ》は博士か大臣か」という言葉が流行っていた。富太郎が授与された理学博士がここでいう博士のひとつかどうかは別として、大学はおろか小学校さえ中退した者に学位を授与した大学人の広い度量に、富太郎は深い感慨を覚えた。同時に『自叙伝』には、「周囲の人が後輩が学位をもっているのに、先輩の牧野が持っていぬのは都合が悪いから、是非論文を出せと強いて勧められ、やむなく学位論文を提出」したとも記している。『自叙伝』の「博士号を受けて作った歌」から、3編紹介しよう。

わがこゝろ
われを思う友の心にむくいんと
　今こそ受けしふみのしるしを

とつおいつ
とつおいつ受けし祝辞と弔辞の方へ
　何と答えてよいのやら

たとえ学問のためとはいえ、両親のなきあと酒造る父祖の
　業をほしいまゝに廃《や》めてその産を使い果たせし我なれば
早く別れてあの世に在《い》ます
　父母におわびのよいみやげ

東京大学を辞職する

音楽家にとって耳は命だ。それと同じように植物学者にとって目は命なのである。70歳を過ぎた頃、富太郎は自分の植物を見る目はもう深まらないと思うことが多くなり、現役の植物学者を引退する機が訪れていることを自覚した。幸い池長孟の支援のお陰で、標本の散逸も免れそうだった。

昭和14（1939）年、富太郎は東京大学を辞めた。77歳だった。

教育公務員である東京大学の教員には、富太郎没後の昭和60（1985）年まで定年制は導入されていなかった。そのため、勧奨による退職が行われていた。植物学教室では、初代教授の矢田部良吉は在職途中の明治24（1891）年に非職を命ぜられ39歳で教室を去ったが、続く松村教授は大正11（1922）年に老齢の故を以て自ら教授の職を辞した。65歳だった。その後は同年に早田文藏助教授が継ぐが、昭和9（1934）年に59歳で病没し、後継には中井猛之進教授が就いた。

その後も「申し合わせ」と称する勧奨退職は行われている。一例をあげれば、植物学教室の発展に尽力した柴田桂太教授は62歳になった昭和13（1938）年3月に、この申し合わせに従い退職（依願免官）した。

77歳になった富太郎に大学が辞職を乞うたことを、巷では「大学が追い出しを図った」などとする記事があるようだ。しかし、それはない。現に大学が辞職を乞うたとしても、年齢からしてそれを非礼とは一概にいえないだろう。今日でも多くの大学で65歳が定年であることを考えれば、70歳もかなり過ぎた富太郎が、後進に道を譲るために退職を勧められても怒る部類のことではないといってよい。むしろ遅すぎるという意見もあるだろう。すでに指摘したように、講師としての処遇も富太郎の学歴からしたら、納得できないものでもない。同情を寄せる人たちの気持ちをうれしく思ったが、富太郎は辞職の申し出を受け入れた。

「図鑑のマキノ」の膾炙

植物に関心を抱く多くの人たちと交流した結果、富太郎が強く思うことがあった。草木の知識を求める人たちはたくさんいるのに、彼らが参考にできる書物が至って少ないことである。

富太郎自身も書物で育った。しかも能書きや口伝でばかりでなく、実物をリアルに描いた図版を参照することが、植物への理解を深める最善手だと信じていた。富太郎が終生たくさんの植物図を描いたのは、まさしくこの実感に拠る。手にした植物が「何か」を知るためには図鑑は最良の伴侶である、と確信していたのである。

実際、そのような図鑑は足りなかった。国内だけでも7000種を超える野生植物があるのだが、当時は東京周辺に見られる植物がかろうじて掲載されている状況であり、図説や図解を主とした本に至っては一般の人が入手できるものは少なかったのである。

大正時代末になって、植物学者の村越三千男が『大植物図鑑』（1925年）を著した。全国レベルでの初の植物図説といえる画期的なものであったが、残念ながらかなりの図の一部は写実性に欠け、記述の不備もあった。実際、本書で未知の植物を調べようとしても不可能なこともあったのである。富太郎も同じ頃、ある出版社から頼まれ『日本植物図鑑』を刊行したが、彼自身が満足できる出来ばえではなかった。多くの植物愛好家たちの生涯の伴侶となる一冊を作りたい。決心はさらに固まった。

その結果生まれたのが、昭和15（1940）年10月に刊行された、『牧野日本植物図鑑』である。

この『牧野日本植物図鑑』は、植物学者としての富太郎の名を不滅のものとしたといってよいだろう。数にして3206図を伴う、1069ページに及ぶ大著であった。初版発行後も増補が続けられ、図の数もページ数も増加した。解説文の作成から増補改訂に至るまで、東京大学の学生だった専門家らが大勢協力し、画作でも若い世代の画家が関わる一冊となった。

植物図鑑は初等教育から重用され、その後、「図鑑のマキノ」は人口に膾炙《かいしゃ》する言葉となっていく。

サクラを調べに満州へ

大著の刊行は老成期を充実させたことだろう。『牧野日本植物図鑑』発刊翌年の昭和16（1941）年、79歳になった富太郎は、南満州鉄道（満鉄）の招待を受けて、満州（現・中国東北部）へサクラの調査に出かける。この旅行は満州に暮らす富太郎のファンらの働きかけで実現したものだった。

しかし、健康上の心配もあった。その前年に犬ケ岳（大分県）で崖から転落して骨折し、体調は万全とはいえない状態だったのだ。満州訪問には娘の鶴代が付き添った。

5月に東京を出発し、6月中旬に帰京する旅程であった。5月19日には、チーリン（吉林）省の東部、現在の朝鮮民主主義人民共和国との国境に近いイエンチー（延吉）東方のトゥーメン（図們）を経て、老爺嶺駅で下車し、北東から南西に連なるラオイエリン（老爺嶺）山脈に向かった。数日を周辺での野外観察で過ごし、当時「新京」と呼ばれた長春に戻った。

帰国時は、サクラの他にも多くの植物の標本を柳行李8個分、およそ5000点も携えていたという。80歳間近の老齢とは俄かに信じられない成果だが、やはり時には逆らえない。帰国後の富太郎にはそれを整理・研究する時間がなかった。標本は行李に入ったまま長い眠りにつくこととなった。

その頃に書かれた「私は植物の精である」という文章の一部を紹介しよう。

私は生まれながらに草木が好きであった。故に好きになったという動機は別に何んにも無い。五、六歳時分から町の上の山へ行き、草木を相手に遊ぶのが一番楽しかった。どうも不思議なことには、私の宅では両親はもとより誰れ一人として草木の好きな人は無かったが、ただ私一人が生まれつき自然にそれが好きであった。それ故に私は幼い時から草木が一番の親友であったのである。（中略）
上のように天性植物が好きであったから、その間どんな困難な事に出会ってもこれを排して愉快にその方面へ深く這入り這入りして来て敢て倦《う》む事を知らず、二六時中ただもう植物が楽しく、これに対していると他の事は何もかも忘れて夢中になるのであった。こんな有様ゆえ、時とすると自分はあるいは草木の精じゃないかと疑う程です。これから先も私の死ぬるまでも疑いなく私はこの一本道を脇目もふらず歩き通すでしょう。そうして遂にはわが愛人である草木と情死し心中を遂げる事になるのでしょう。（『花物語——［続］植物記』ちくま学芸文庫／2010年）

草木と心中する博士の総括の弁である。

「翁の字が大嫌い」

昭和16（1941）年に池長植物研究所から富太郎の標本の返却が知らされた。雨漏りもする自宅での保管は難しく、「牧野植物標品館」を敷地の一角に建てることになった。生け花安達流の家元、安達潮花《ちょうか》の援助による建築だった。とはいえ富太郎には、これらのぼう大な標本を大々的に調べる時間も体力ももはや残されていなかった。やらねばならない仕事が目の前に山積みにされた日々だったのだ。

終戦後の昭和22（1947）年、85歳の富太郎は次のような文章を書いている。前年に山梨県北巨摩《こま》郡穂坂村の疎開先から帰京していた。

　人間は足腰の立つ間は社会に役立つ有益な仕事をせねばならん天職を禀《う》けている。それ故早く老い込んではオ仕舞だ。また老人になったという気持を抱いては駄目だが、しかしそんな人が世間に寡くないのは歎かわしい。今日戦後の日本は戦前の日本とは違い、脇目もふらず一生懸命に活動せねばならぬのだから、老人めく因循姑息な退嬰気分は一切放擲して、幾ら老人でも若者に負けず働く事が大切だ。私は翁、老、叟の字が大嫌いで、揮毫の際結網翁（結網は私の号）などと書いた事は夢にもない。（「八十五歳のわれは今何をしているか」／『牧野富太郎自叙伝』講談社学術文庫／2004年）

その後の齢90を超えていく数年間は、書籍の刊行や第一回文化功労者（1951年）、東京都名誉都民（1953年）などに選ばれる日々が続く。しかしながら昭和29（1954）年12月、富太郎は発熱して寝込むことになった。

92歳になっていた富太郎は、東京大学医学部物療内科の診療で熱は下がったものの全快には至らず、もはや体の酷使は許されなかった。93、94歳と病状は次第に悪化し、繰り返す発熱のなかで心臓が衰弱し、昭和31（1956）年に重体に陥る。年が明けた昭和32（1957）年1月18日午前3時過ぎ、富太郎は眠るようにその一生を閉じた。

没年の前年9月には、名誉都民でもある富太郎の標本のために、東京都立大学に標本館が建設されることが決まった。「牧野植物標本館」である。また、亡くなるひと月前には、生まれ故郷佐川町の名誉町民となった富太郎であった。享年94。彼の遺骨は、愛妻壽衛が眠る東京・谷中の天王寺の墓地に納められた。

名付け親の植物愛

牧野富太郎を「日本植物の父」とした東京朝日新聞の記事がある。昭和12（1937）年1月10日の朝刊、昭和11年度の朝日賞（朝日文化賞）授与の告知である。記事には次のようにある。

「牧野博士の學術上の功績として第一に特筆すべきは、日本人として最初に日本植物に學名をつけたことである」

朝日賞に輝く九氏

不撓の努力に榮光

「文化日本」の珠玉

見よ！偉大なる業績

世界に名聲嘖々

「日本植物の父」

國寶學者・牧野博士

次々に世界を電撃

極超短波に先鞭

岡部博士の苦心研究

東京朝日新聞（朝刊／1937年１月10日付）

学名をつける。すなわち未知のものに名前をつけること。名付けることで、植物の驚くべき多様性を広く知らしめること。彼はその最初の命名者ではなかったが、それはまさに富太郎の植物愛だった。

平成24（2012）年に、富太郎の生誕150年を記念した特殊切手が発行された。この切手に選ばれた植物のうち、ヒメキリンソウ、ジョウロウホトトギス、コオロギランは、富太郎の『日本植物志図篇』、ホテイランは『大日本植物志』に掲載された図解によるもので、いずれも富太郎が新種として命名したものである。果実期のガマズミは富太郎の初期の作品だが、この名付け親は、『日本植物誌』を1784年に刊行したスウェーデンの学者ツュンベリーである。

ところで、富太郎が発見した植物の新種は1000を超えるだろう。新たに発見された植物に名前（学名）を与えるのも富太郎たち分類学者の責任である。学名のヒントとなるのは、その植物の特徴、発見地、発見に貢献した人物の名前、そして特徴ある方言名などである。それらの中から適切な名称を選び、さらに同じ名がすでに発表されていないかなどを調べた上で決定する。

例えばランの仲間であるヒメトケンランは、よく似たトケンランに比べて花弁のひとつである唇弁が大きく幅も広い点で異なるため、〝広い花をもつ〟を意味するlaxifloraを選んで「Tainia laxiflora」と名付け、エビネに近縁なキンセイランには〝日本の〟

を意味するnipponicaを選び「Calanthe nipponica」とし、鑑賞用に栽培もされるカンランには日本名（和名）を用い「Cymbidium kanran」を、またイイヌマムカゴにはこの植物の図を自著『草木図説』に掲載した飯沼慾斎《よくさい》に献じた「Platanthera iinumae」としたのである。

「植物の精」が残した物語

富太郎が初めて学名を発表した1889年からおよそ60年が彼の研究期間だとすると、毎年27もの新しい学名を提唱してきたことになる。もちろん毎年同じ数の新種をコンスタントに発表してきたわけではない。命名した植物がこの数よりも少ない年もあれば、大幅に多い年もあった。しかし、1000余りの新学名の命名は簡単にできるものではない。富太郎が自分を「植物の精」と呼ぶ所以は、この異常といってもよい植物研究への傾注にも拠るだろう。

富太郎が名付け親になった新しい植物すべてをここに列挙することはできないが、ふたつだけ紹介しよう。

ひとつは、ヤマトグサである。東京大学の助教授だった大久保三郎と共同発表したものだ。これは高さ15センチくらいの小さな多年草である。九州と本州に分布するが、限られた地点にのみ生育するとても稀な植物である。雄しべをもつ雄花と雌しべを生じる雌花に分かれていて、雄しべはひとつの花に多数あり、糸状で、いずれも鬚《ひげ》のように花の外側に垂れ下がっている。これは他の植物には見られない特徴的なつくりである。

もうひとつは、ヤッコソウだ。シイノキの根に寄生して暮らす小さな植物である。シイノキは日本の主要な樹種で、関東地方から西側の暖かい地方に分布し常緑の森林をつくる。ヤッコソウのヤッコは、文字通り「奴《やっこ》」である。全体が乳白色で群生する姿が、江戸時代に町を練り歩いた奴によく似ていることから命名された。その後ヤッコソウの仲間の植物は、スマトラやニューギニア、さらにはメキシコやグアテマラにも分布することが判明した。富太郎はヤッコソウを新しい属の植物と認め、「Mitrastemon」という属名を与えた。Mitra（ミトラ）とはユダヤ教の大司祭の冠などをいう語で、彼はヤッコソウの雄しべの葯《やく》と葯隔《やくかく》のかたちがそれに似ていることにより命名した。しかし学生らには、緑色の葉をもたないさまを身上《しんしょう》を掏《す》られた奴に見立て、〝身取ら（れ）捨右衛門〟としたと、よく話していたそうだ。

富太郎の生まれ故郷の高知県立牧野植物園や東京の練馬区立牧野記念庭園は、富太郎が名付け親となった植物が生きた状態で展示されている。ヤッコソウに限らず、一つひとつにこうした発見にまつわる物語が秘められている。

富太郎が生涯を懸けて進めた研究は、成果の一端である学名を通して今日の社会にも重要な役割を果たしている。分類学と呼ばれる、多様性を可視化させる研究だ。ロケットや宇宙船の発明、もしくは難病治療の開発などと比べると現在の私たちへの貢献度は低いように見えるかもしれない。しかし、植物に限らず動物も含めた分類学の研究は、地球上に多種多様な生き物が存在することを知らしめ、類似種との違いなどを明らかにしてくれる。植物に関していえば、その差異は植物内に含まれる成分にも見出され、薬効の発見などは最先端医療にもつながる薬学の重要な一翼にもなっている。富太郎ばかりでなく、彼を導いた先人そして彼に続く植物分類学者たちの探究は、多くの未知の植物が私たちと共に生きていることを教えてくれるのだ。今日もそれは変わらない。

終章　姿が見えない真の牧野富太郎

「心はいつも花の真盛り」と晩年に詠んだ富太郎。／高知県立牧野植物園提供

『牧野富太郎自叙伝』は事実か否か

終章では見方を転じて、もう一歩踏み込んでみたい。

「偉人に善人なし」ともいう。牧野富太郎の生涯と業績をつねに客観的に記述しようと努めたが、それには困難なこともあった。一般に個人の生涯を追う時、当事者が書いた自叙伝があれば、第一にとはいわないまでも参考にしたくなる。当事者でなければ記述できない事柄や他には記録されていないことも少なくないからである。だが、当該事項について本人以外の記述が皆無に近い場合は、その信頼性は相当に吟味されねばならないし、それが難しい場合は、たとえ興味深い内容を含んでいるとしても割愛せざるを得ないことも多い。

牧野富太郎には、日本の植物学あるいは自然科学の学者として、他の人々を圧倒する伝記やそれに類する著作物がある。しかしそのほとんどは、牧野自身が書いた
であろう『牧野富太郎自叙伝』（1956年／長嶋書房）に拠っている。同書には、当事者でなけ

れば書けない記述も数多くある。それもあって、本書の記述が「事実」として無批判に受け入れられ、それが後世に利用されてしまったことも少なくないのだ。かといって『牧野富太郎自叙伝』をある種の〝創作の類〟とし、伝記資料から排除するような行為も彼の生涯を魅力に欠ける薄っぺらなものにするだけである。そこで、牧野自身の手に拠るとされる資料の虚偽をできる限り検証し、その上で活用していきたいのだが、それがそう簡単ではなかった。

見えてこない東大訪問

一例を挙げれば、先述した「矢田部教授との初対面」である。牧野が初めて上京したのは明治14（1881）年4月であり、この時に文部省博物局に田中芳男や小野職愨らの植物学者を訪問している。それ自体は他の記録もあり事実と見てよい。だが、その足で、東京大学に矢田部教授を訪ねたか否かは未だ定かではない。それを明らかにする何らかの記録ももはや残されていない。

ただし東京大学の職制が定まったのは、明治14年の6月15日である。それによれば、「東京大学職員（官吏とす）を総理・長・教授・助教授・書記とし講師・準講師・準助教授を置く」とあり、矢田部良吉と伊藤圭介の両博士は7月14日に東京大学教授に任用された。なお、同年以前にも各学部には教授・助教授などの職はあったが、その職制は定まっておらず、官吏の処遇ではない嘱託ないしは雇用員だった。こうした近代化への過渡期であり、良くいえば黎明期、悪くいえば混沌期でもあった。

牧野には明治14年5月には日光、6月には伊吹山、7月には高知市・須崎市で採集した植物標本が残っており、東京に長い間滞在した可能性は低い。明治17（1884）年4月に牧野は二度目の上京をし、この時は飯田町に下宿した。4月には板橋区小豆沢、5月は江戸川区小岩、6月は上野公園などで植物採集もしている。そしてこの年に、牧野が東京大学教授の矢田部を訪ねたとする資料が多い。筆者はそれに疑問を感じている。

その訳を言おう。もしもこの年、牧野が矢田部を訪ねていたのが事実なら、その場所は現在の東京大学の主要キャンパスがある文京区本郷ではなく、元東京開成学校があった神田一ツ橋通りであったはずだ。当時、その周辺には学習院、東京外国語学校その他があり、牧野ならずともそうした光景を目にしたなら、ほぼ間違いなく記録に残したことだろう。が、こうした独特な街並みについては、牧野は一言も触れていない。第3章でも触れたように、牧野が東大を訪ねていない証拠として筆者を含めいくつかの文献がこれを採用しているが、もしかしたら矢田部との面会に全神経を集中させていたため、他のことはまったく記憶に残らなかったせいだという可能性はあり得る。だが、牧野は矢田部との面会にそれほど敏感になっていたのだろうか。筆者はそうは思わない。この年（明治17年）も、牧野は矢田部を訪ねなかったのではないだろうか。

結局本書では、矢田部教授との初の面会は、帝国大学令公布後の明治19（1886）年3月以降と推定したが、これもまだ確証に乏しく憶測の域を完全には出ていない。牧野の記述はどこまでが事実なのか？　自叙伝を追うほどに隘路《あいろ》に迷い込む感があるのは、他者への糾弾が記述のあちらこちらに散見して視界を阻むせいもある。

民族主義との接近

繰り返し述べるが、『牧野富太郎自叙伝』は、昭和31（1956）年に刊行されている。牧野が永眠する1年前、94歳の時だ。もちろんその時点で書き下ろされたのではない。同書は第一部と第二部、それに娘の鶴代による第三部から構成されている。第一部の大半は、すでに述べたように、白柳秀湖《しらやなぎしゅうこ》が主幹を務める月刊誌『日本民族』に昭和14（1939）年から翌年（1940年）にかけて連載された「牧野富太郎自敍傳」を再録したものである。牧野が77～78歳時の連載である。

『日本民族』の主幹である白柳は明治17（1884）年に生まれ、昭和25（1950）年に亡くなった。文学者、社会評論家などとして活躍し、太平洋戦争中は日本文学報国会理事を務めていた。この雑誌は、〝民族文化の特異性と共通性とは一の盾の両面〟や〝歴史に立脚せぬ国策は遠近法のない画も同然だ〟などの標語を掲げて刊行された月刊誌である。

白柳と牧野の接点がどこにあったのかは知られていないが、同誌は、杉浦重剛《じゅうごう》などの国粋主義的思想家が刊行に関与した機関誌『日本人』や『日本及日本人』、『亜細亜』、新聞『日本』とは系統を別にするもののようだ。だが牧野は『自叙伝』に、「菊池大麓・杉浦重剛両先生の同情」とする項を設け、両氏は自分の「同情者であって、矢田部先生の処置を不当として私に対し、非常な好意を示された。杉浦先生は、国粋主義の『日本新聞』及び『亜細亜』なる雑誌を主宰しておられたが、矢田部を敲《たた》かねばいかんといわれ、『亜細亜』誌上に牧野の『日本植物志』は矢田部のものより前から刊行されており、内容も極めて優れていると書いて、大いに私を引立ててくれた」と書いている。しかし、それがいつだったのかは書かれていない。だが、杉浦に植物学の専門書を正しく評価することができたのだろうか。牧野の記述を鵜呑みにすることはできないだろう。

なお、杉浦重剛は、明治14（1881）年9月20日から翌年2月15日に解嘱になる約5か月間、植物園（矢田部良吉・伊藤圭介担任）に事務掛、のちに御用掛として勤務していたことはあまり知られていないようだ。

執拗な回想の理由

ところで、牧野が第二回内国勧業博覧会に顕微鏡などの購入を兼ねて初めて上京したのも、同じ明治14年だった。これを知る読者は、矢田部教授との相克を詳述した自伝中の「博士と一介書生との取組」には、違和感を覚えるだろう。なぜなら文頭に、「こんな訳で、私は独立して研究を進めるにしても、顕微鏡などの用意はないし、参考書は不自由だし、全く困ってしまった。そこで止むなく農科大学の教室へ行って、図などをそこで描かせてもらっていた。日本ではじめて私の発見した食虫珍草ムジナモの写生図はそこで描いたものである」（傍点筆者）と書かれているからだ。

さらに続けて、「（略）その時分にはまだ日本では新種の植物に新たにこの学名をつける日本の学者は殆どなかった。そこで第七冊からは私は新たにこの学名をつけはじめ、欧文で解説を加え、面目を新たにして出すことになった。その時、親友の池野成一郎博士はいろいろ親切に私の面倒を見てくれた」とも記す。

『日本植物志』第1巻第7集は明治24（1891）年に東京の敬業社から刊行になった。しかしこれが、牧野が書いているような、日本人による植物の最初の命名では
ないことはすでに述べた。

明治23（1890）年8月に牧野は池野成一郎と東北地方に採集に出かけたが、帰京後、矢田部教授から植物学教室の出入りを禁じられてしまった。それでやむなく駒場の東京帝国大学農科大学に助教授として就職した池野のもとを訪ね、前年見出したムジナモの「研究を続行する事ができた」と書く。

牧野没後から十数年後になるが筆者も東京大学に勤務し、自らの研究だけでなく、学生の研究教育にも関与した。時代の差はあるが、牧野の〝教室出入り禁止〟のいきさつなど、彼の記述には真偽を疑わせるものが少なくない。そのため、ついつい「何か裏があるのではないか」と考えてしまう。牧野は東京大学の学生でもなく、明治11（1878）年に設けられた選科生でもなく、大学の教場・研究室への出入りは、教室の責任者の判断に拠っていたと思われる。それゆえ例えば、祝賀式などの何らかの事情が教室側

にあれば出入りを断るのも自然のなりゆきだろう。牧野が仮に出入りを禁じられたからといって、怒るのはお門違いだ。

それよりも真意は、牧野が池野の手助けを必要としていたことを隠すことにあったのではないか、と推測されるのだ。牧野が池野を必要とした第一の理由は、顕微鏡の使い方と顕微鏡下で観察した構造の見かたであろう。それには形態学や解剖学の知識が必要であり、牧野にはそれらが欠けていた。

他にも牧野が池野を必要としたのは、記載文の読み書きであろう。ムジナモに限らず、初期の牧野の新種などの記載を手伝ったのは、間違いなく池野だ。牧野はほとんど英語での作文ができなかった。牧野の英文・ラテン文の解読・記載を大々的に手伝う三宅驥一との出会いまで、池野は牧野の英作文を全面的に助けたのだ。既述の出入り禁止のことなど、矢田部だけでなく、彼の指導下にあった植物分類学研究室に籍をおく学生やのちに教授となる松村任三らがもしこの文言を読んでいたら、怒ったにちがいない。

だが、そうはならなかった。なぜならば、月刊誌『日本民族』の存在を知る植物学者はさほど多くなかったと思われるからだ。『日本民族』連載の「牧野富太郎自敍傳」が広く人目に触れるきっかけになったのは、先にも触れたように長嶋書房から昭和31（1956）年に刊行された『牧野富太郎自叙伝』を通してである。昭和18（1943）年に没した池野成一郎を最後に、自叙伝に名の挙がる矢田部良吉、松村任三を始め、当事者はすべてとっくに鬼籍入りを済ましていたのだ。

大学講師解嘱の顚末

牧野が東京大学理学部講師を解嘱されるのは、満77歳になった昭和14（1939）年5月31日だった。牧野の野外実習に参加した最後の学生の一人であり、のちに東京大学教養学部教授となった木村陽二郎は、回想録で次のように書いている。少々長くなるが、引用しよう。

翌（昭和）一四年七七歳の牧野富太郎先生が五月三一日付で講師をやめられ、前川

（文夫）さんが六月三〇日付で講師をつがれ、私が前川さんの後を受け六月三〇日に助手となった。この牧野、前川、木村ラインは小倉謙先生の『植物学教室沿革』でわかることだが、このことに私が気がついたのはわりに最近のことだ。すると気になるのは牧野先生の文である。それには辞職を勧告に来た無礼な人物がときにH博士、ときにM博士となっていて、牧野先生の怒りの的となっているのである。これはどうみてもHは本田博士、Mは前川博士ととれる。それで思い切って前川さんに尋ねたら自分ではないとはっきり言われた。そこで本田先生にききたいと思ったが、本田先生は中井先生の後をついで植物分類学講座を担当され、そのもとでも助手をつとめた私としてはこのことはききにくかった。しかし先年、先生が病気で倒れられ、その後、一時恢復された折、お見舞に先生宅を訪れて雑談のうちに思い切ってこの質問を出した。すると本田先生は「これは自分だ。自分が中井先生の使いとして牧野先生宅を訪問すると、先生は自分が何も言い出さないうちに『君が今日来た理由はよくわかっている』といわれたので、自分は何もそれにはふれずに帰った」と淡々と話をされたのである。この事は牧野先生を心から理解している方にはなるほどと納得されると思うが、一般の人たちは誤解するかも知れない。しかし説明には文が長くなるのでそれをしないが本年亡くなられた本田先生のために、その偽らざる言葉をここに紹介した次第である。〈カッコ内記述筆者〉（「前川さんと私」『生物学史論集』１９８７年／八坂書房）

魅了された愛好家たち

それにもかかわらず、学生や植物愛好家らに慕われたのが、牧野富太郎の強さである。明治39（１９０６）年以降、牧野は各地で開催される植物の講習会や採集会の講師に呼ばれることが増えたのは、先述の通りだ。当時の植物愛好家が座右に備えた『草木図説』の増補改定版の刊行などで知名度が高まったこともある。元本は日本初の植物百科ともいえる、江戸期の植物学者、飯沼慾齋の大著である。明治45（１９１２）年には東京大学の講師を嘱されだが、牧野の舞台は、象牙の塔から国内に遍在する同好者へと拡大したといってよい。大学の研究室で外国語で書かれた論文を精読し、また自らも外国語で論文を書くのは苦労の連続だった。そのような地道な探究法より、直接植物に自ら接し、特徴を知り、類似種からの区別点を見出すやり方が性に合っていた。この牧野の性分は、植物を愛好する一般の人々との相性も良かった。

野外では愛好者を前にして、自らが捉えた植物の特徴を伝え、類似種との区別点を教えた。それらは愛好者の日常にその日から役に立つ、応用可能な情報だった。加えて、牧野の巧みな話術は多くの人たちを惹きつけた。牧野が47歳の時に発足した「横浜植物会」、さらにその評判から3年後に誕生した「東京植物同好会」の両会は、驚くなかれ、今日にもその活動が継続されているのだ。たとえ数十年後に、彼が回想録で他人を誹謗中傷したとしても、会員の間に動揺は広がらなかったようだ。

牧野に直に接した植物愛好者たちは、活字となったものよりも目の前の〝親愛なる人物〟を信頼したのだろう。草木を語るのに余人をもって代え難い植物博士、牧野富太郎である。

在職中の牧野の講義を聞いた現役の植物学者も、自叙伝に書かれた内容をあえてとがめだてすることはなかったようだ。学生の頃から牧野に接してきた彼らにとって、その本に書かれていることは、それなりに別の次元の〝個人語り〟であったのだろう。いずれにしても『牧野富太郎自叙伝』の刊行によって、植物分類学者や巷間における牧野人気が著しく下がるようなことはなかったのである。

博士を支えた博士たち

牧野富太郎著『牧野日本植物図鑑』（北隆館）は、皇紀２６００（１９４０）年を期して出版されることが早くから決まっていたようだ。今日においても評価の高い図鑑である。しかしながら当初、牧野はなかなか原稿を書かず、出版社をやきもきさせた。本書の発刊に尽力していた三宅驥一、向坂道治の両氏が大いに心をくだいたこともあり、東京大学植物学教室の教授である中井猛之進が中心となって原稿の準備を進めた。つまり、同教室の分類学研究室の人たちらが下原稿を書くことになった。後年、当時の協力者の一人だった木村陽二郎は次のように記している。

「中井先生としては一方で牧野先生を助け、一方で若い人たちに勉強させると同時に出版社から金を出させて弟子たちにアルバイトをさせるという計画だったと今は推測する」(以下、「牧野先生と私」/同前)。引用を続けよう。

「われわれはこれを中井先生の命令と受けとり本田正次、佐竹義輔、伊藤洋、前川文夫、原寛、津山尚の諸先輩の驥尾に付して大学院生の私も筆をとり、時には学名までも検討した。もちろんこれら私たちの書いたものはすべて牧野先生が朱筆を入れて書き直されたのである。序文に先生は私たちの名を列記して感謝の念を示された」

さらにこの図鑑刊行は時宜を得たものだとして、そのわけを「この立派な本が出た前年、つまり先生が講師をやめられた昭和一四年(一九三九)には第二次世界大戦が始まっており、この期をのがせばこのような立派な印刷物は当分、出版不可能となったと思われる。もちろんこの本が出版されなかったとしても、先生の学問上の価値が減るわけではないが、一般の人の先生への親しみ、植物学のこれほどの普及はこの書なくして考えられない」としている。

最後に木村は、「先生は世の中のうわさとは全く異なり、東京大学の研究者とは終始なごやかな雰囲気にあった。先生のにこやかな笑顔がいつも目に浮ぶ。先生の一生は植物と共に生きて、他のことには何の頓着もなかった。私にはもっとも幸福な植物学の先生と思われるのである」と、この文章を結んでいる。

筆者は、木村先生に可愛がっていただき多くのことを学んだ。だが、木村先生のこの最後の一文だが、直接牧野に接したことのない私には疑問に感じられる。自分の採集欲を充たすため、許可もなく他人の庭に入り込み植木の枝を大量に切り採ったり、採集会の余興に神社の狛犬に跨ったり、ほとんど根拠もなく他人を貶める文言を記したりするのは、一応は社会的ステータスを認められている学者のすることではあるまい。公の行いとしては厳に慎むべき行動であっただろう。と、正直思えるのである。

「愛は惜しみなく奪うものだ」とは、100年前の日本の文豪の言葉だ。奇しくも、牧野が植物に対して使った「情死」という表現で巷を騒がせた小説家である。ふと重なりを覚えてしまうのも、牧野富太郎が駆け抜けた時代の因縁かもしれない。

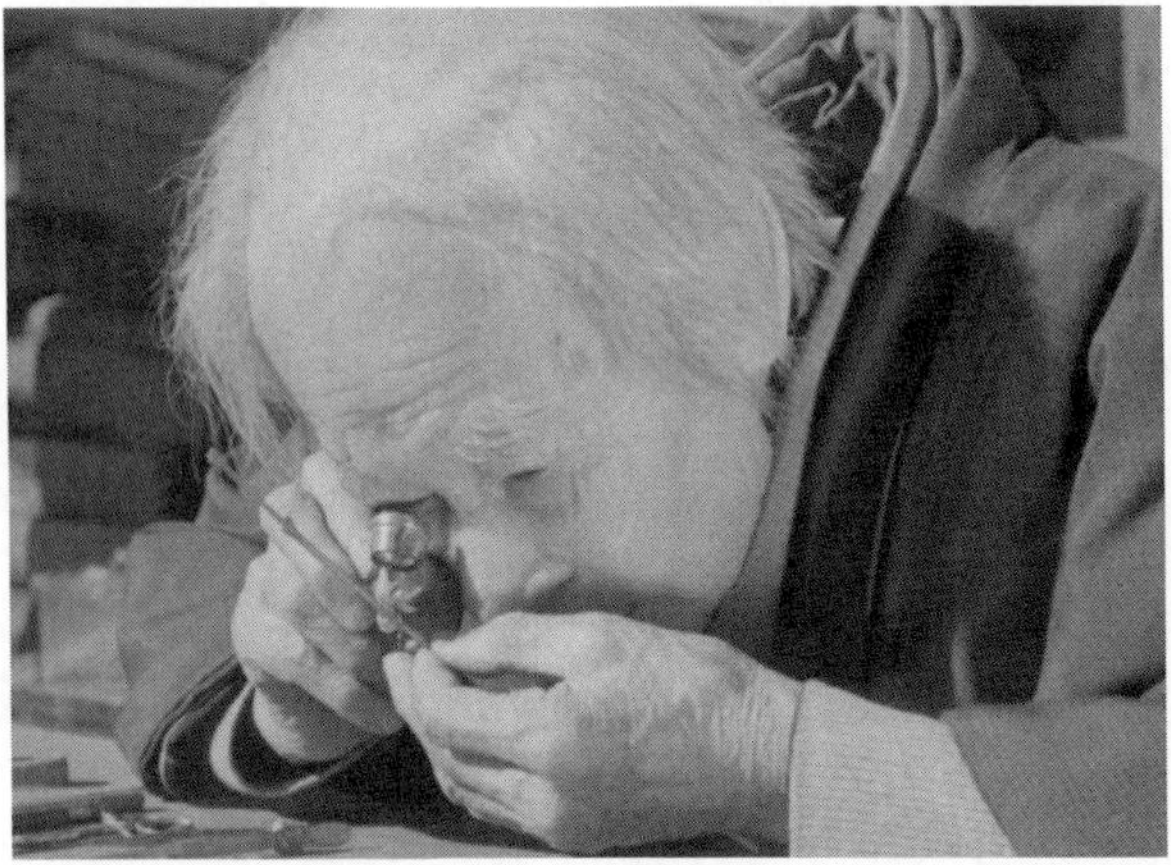

88歳の富太郎。1951年1月、東京・練馬の自宅にて。

あとがき

牧野富太郎は今から161年前の1862（文久2）年に生まれた。幼少の頃から植物に関心を抱き、長じて日本を代表する植物学者になった。高等教育どころか義務教育も入口で放棄し、後は独学で一生を植物の研究に捧げた。その人生は筆舌に尽くしがたい波乱に富んだものである。すでに多くの伝記が書かれ、今なお多くの人たちの関心を集めている。

私は、牧野と同様に植物分類学の研究に従事しており、折々牧野が収集した標本や図書を利用させてもらっている。私にとって牧野は完全に過去の学者ではなく、今でも仲間内では「牧野さん」と呼ぶなど親密なつながりを有している。

そんな私の目からすると従来の伝記などに書かれた牧野富太郎像には腑に落ちない部分が多く、いつか機会があったら訂正文を書いてみたいと思い続けていた。それが図らずも今回一部実現することになった。伝記のための覚書のような粗削りな書き物になってしまったが、お読みいただき叱声や批判等を頂ければと思っている。

末筆になったが、本書をまとめるにあたって、高知県立牧野植物園、東京都立大学牧野標本館、東京大学大学院理学系研究科附属植物園、同総合研究博物館には貴重な標本・資料の利用を許可いただいた。この場を借りてお礼申し上げたい。

二〇二三年三月

大場秀章

77歳の富太郎。1939年７月９日、オニバス（スイレン科）の幼株と共に。
／高知県立牧野植物園提供

牧野富太郎　主著リスト

『日本植物志図篇』（第1巻 第1〜11集）敬業社／1888〜91年
『繇条書屋植物雑識』（5巻合冊）敬業社／1898年
『新撰日本植物図説』（第1〜2巻）敬業社／1899〜1903年
『日本植物調査報知』（第1〜2巻）敬業社／1899〜90年
『大日本植物志』（第1巻 第1〜4集）東京帝国大学植物学教室／1900〜11年
『日本禾本莎草植物図譜』（第1巻 第1〜10集）敬業社／1901〜03年
『日本羊歯植物図譜』（第1巻 第1〜7集）敬業社／1901〜03年
『植物学講義』（第1〜7巻）大日本博物学会／1913〜14年
『日本植物図鑑』北隆館／1925年
『原色野外植物図譜』（第1〜4巻）誠文堂新光社／1932〜35年
『通俗植物講演集』（第1〜3巻）文友堂／1932〜37年

『牧野植物学全集』（第1～7巻）誠文堂新光社／1934～36年
『趣味の植物採集』三省堂／1935年
『随筆草木志』南光社／1936年
『趣味の草木志』啓文社／1938年
『牧野日本植物図鑑』北隆館／1940年
『雑草三百種』厚生閣／1940年
『植物記』櫻井書店／1943年
『続植物記』櫻井書店／1944年
『牧野植物混混録』鎌倉書房／1946～53年
『牧野植物随筆』鎌倉書房／1947年
『続牧野植物随筆』鎌倉書房／1948年
『趣味の植物誌』壮文社／1948年
『四季の花と果実』通信教育振興会／1949年

『図説普通植物検索表』千代田出版社／１９５０年
『随筆 植物一日一題』東洋書館／１９５３年
『若き日の思い出』旺文社／１９５５年
『牧野植物一家言』北隆館／１９５６年
『植物学九十年』宝文館／１９５６年
『草木とともに』ダヴィッド社／１９５６年
『牧野富太郎自叙伝』長嶋書房／１９５６年
『植物随筆 我が思ひ出』北隆館／１９５８年

三好学・共著『日本高山植物図譜』（第1～2巻）成美堂／１９０７～09年
三好学・共著『普通植物検索表』文部省／１９１１年
根本莞爾・共著『東京帝室博物館天産課日本植物乾腊標本目録』東京帝室博物館／１９１４年

入江弥太郎・共著『雑草の研究と其利用』白水社／1919年
根本莞爾・共著『日本植物総覧』日本植物総覧刊行会／1925年
田中貢一・共著『科属検索 日本植物志』大日本図書／1928年
和田邦男・共著『植物学講話』南光社／1932年
清水藤太郎・共著『植物学名辞典』春陽堂／1935年

主要参考文献（牧野富太郎自著以外）

上村登（1955）『牧野富太郎傳』六月社。
小倉謙 編（1940）『東京帝国大学理学部植物学教室沿革［附］理学部付属植物園沿革』同大学理学部植物学教室。
大場秀章（2001）「植物画の歴史からみた牧野富太郎の植物画」高知県立牧野植物園、「牧野富太郎と植物画展」図録、15－28pp。
大場秀章（2009）「牧野富太郎伝に向けた覚書き」（日本植物分類学会第7回東京大会公開シンポジウム講演記録「牧野富太郎博士の植物研究とその継承」）『分類』日本植物分類学会、第9巻、3～10頁。
大場秀章 編（2007）『植物文化人物事典』日外アソシエーツ。
高知県立牧野植物園 編（2002）『牧野富太郎蔵書の世界――牧野文庫貴重書解題』高知県立牧野植物園。
高知県立牧野植物園 編（1999）『牧野富太郎写真集』高知県立牧野植物園。
高知新聞社 編（2014）『MAKINO――牧野富太郎生誕150年記念出版』北隆館。
澁川葵人（2014）『牧野結網補伝 1――畢生の二大事業と遺品のゆくえ』牧野富太郎

研究所。

小松みち（2001）「牧野富太郎小伝―生涯と植物図の周辺―」高知県立牧野植物園 編『牧野富太郎と植物画展図録』毎日新聞社、187〜201頁。

コロナ・ブックス編集部 編（2017）『牧野富太郎――植物博士の人生図鑑』平凡社。

渋谷章（1987）『牧野富太郎――私は草木の精である』リブロポート。

清水洋美 文・里美和彦 絵（2020）『牧野富太郎――日本植物学の父』汐文社。

「植物と自然」臨時増刊号（1981）『特集 牧野富太郎博士を語る』ニュー・サイエンス社。

白岩卓巳（2008）『牧野富太郎と神戸』神戸新聞総合出版センター。

俵浩三（1999）『牧野植物図鑑の謎』平凡社新書。

長久保片雲（1997）『世界的植物学者 松村任三の生涯』暁印書館。

牧野富太郎 画・高知県立牧野植物園 編（2001）『牧野富太郎と植物画展――ボタニカルワールドへのいざない』毎日新聞社。

松岡司（2017）『牧野富太郎通信――知られざる実像』トンボ新書。

山本正江・田中伸幸 編（2004）『牧野富太郎 植物採集行動録〈明治・大正篇〉』高知県立牧野植物園。

山本正江・田中伸幸 編（2005）『牧野富太郎 植物採集行動録〈昭和篇〉』高知県立牧野植物園。

大場秀章　おおば・ひであき
1943年東京都生まれ。東京大学名誉教授、同大学総合研究博物館特招研究員、植物多様性・文化研究室代表。日本植物友の会会長。理学博士（植物分類学専攻）。著書に、『森を読む』（岩波書店）、『江戸の植物学』（東京大学出版会）、『バラの誕生―技術と文化の高貴なる結合』（中公新書）、『道端植物園―都会で出逢える草花たちの不思議』（平凡社新書）、『植物学のたのしみ』『植物学とオランダ』（共に八坂書房）、『はじめての植物学―植物たちの生き残り戦略』（ちくまプリマー新書）など多数。

朝日新書
904
牧《まき》野《の》富《とみ》太《た》郎《ろう》の植《しょく》物《ぶつ》愛《あい》

2023年４月30日第１刷発行

著　者　大場秀章

発行者　宇都宮健太朗
カバーデザイン　アンスガー・フォルマー　田嶋佳子
印刷所　凸版印刷株式会社
発行所　朝日新聞出版
〒104-8011　東京都中央区築地5-3-2
電話　03-5541-8832（編集）
　　　03-5540-7793（販売）

Published in Japan by Asahi Shimbun Publications Inc.
ISBN 978-4-02-295214-1
定価はカバーに表示してあります。

落丁・乱丁の場合は弊社業務部(電話03-5540-7800)へご連絡ください。
送料弊社負担にてお取り替えいたします。